미래 세대를 위한

동물권 이야기

미래 세대를 위한 동물권 이야기

제1판 제1쇄 발행일 2024년 7월 21일

글 _ 이유미
기획 _ 책도둑(박정훈, 박정식, 김민호)
디자인 _ 이안디자인
펴낸이 _ 김은지
펴낸곳 _ 철수와영희
등록번호 _ 제319-2005-42호
주소 _ 서울시 마포구 월드컵로 65, 302호(망원동, 양경회관)
전화 _ 02) 332-0815
팩스 _ 02) 6003-1958
전자우편 _ chulsu815@hanmail.net

ISBN 979-11-7153-014-4 43300

철수와영희 출판사는 '어린이' 철수와 영희, '어른' 철수와 영희에게 도움 되는 책을 펴내기 위해 노력합니다.

미래 세대를 위한

동물권 이야기

– 열다섯 가지 주제로 살펴본 동물 권리

글 | 이유미

철수와영희

동물의 세상에 한 발짝 다가서는 경험을 해 보세요

세상에는 무수한 생명이 우리와 함께하고 있습니다. 우리 곁에 사는 반려동물부터, 동물원이나 수족관에 사는 동물, 축사에 갇혀 사는 동물, 강이나 숲에 사는 야생동물까지, 그들의 이름은 달라도 우리는 그들 모두에게 특정한 목적을 부여하지요. 우리와 가족처럼 지낸다면 좀 더 행복할지 몰라도 나머지 대부분의 동물은 참으로 힘든 환경에 놓여 있어요.

잘 보면 그들이 존재하는 목적은 바로 우리 '인간'을 위한 거예요. 생명이 태어날 때는 그 자체만으로도 사랑스럽고 소중합니다. 그러나 인간이 부여한 목적 안에서는 그 어떤 생명도 자유롭고 행복할 수가 없어요.

이 책에서는 열다섯 종류의 동물이 저마다의 이야기를 하고 있습니다. 우리 곁에 있고, 우리에게 매우 친숙한 이름들이에요. 그들은 여러분에게, 또는 세상 사람들에게 하고 싶은 얘기가 많답니다. 그들의 목소리를 듣다 보면 먼 나라 얘기만은 아니라는 생각이 들 거예요. 그동안 우리가 관심을 기울이지 않았던 세계일 뿐이지, 전혀 모르던 생소한 이야기가 아니에요. 이 책을 통해 그들의 세상에 한 발짝 다가서는 경험을 해 보는 건 어떨까요?

우리가 귀여운 반려동물을 사랑하듯, 각각의 영역에 사는 동물들까지도 사랑하는 마음으로 보아 주었으면 합니다. 그들의 이야기에 가슴을 열고 귀를 기울일 때, 우리는 사랑으로 충만한 느낌을 경험할 거예요.

이유미 드림

미래 세대를 위한
동물권 이야기

1 쓸개즙을 빼앗기며
- 곰 수입과 사육 이유

나는 아직도 내가 태어나던 순간을 기억해. 그때를 떠올리면 잠시나마 행복한 기분이 들지. 엄마의 몸에서 쑤욱 빠져나왔을 때 온몸이 시원한 감촉으로 휩싸였어. 내 몸에 닿았던 바닥도 시원했고, 나의 탄생을 축복해 주듯이 저녁 바람이 스치고 지나갔어. 숲의 향기가 얼마나 진했던지 온 세상이 나를 환영해 주는 것 같았어.

그때는 한여름이었어. 그동안 살아오면서 계절의 변화도 알 수 있었지. 태어난 이후로 점점 날이 선선해졌다가 어느새 좀 추워지기도 했어. 하늘에서 하얀 눈이 펑펑 내리기도 했지. 세상이 다 얼어붙는가 싶었는데 어디선가 꽃향기가 조금씩 날아오고, 다시 내가 태어났던 날처럼 무더운 날이 지속되기도 했어.

생각해 보면 그날만큼 행복한 날이 없었던 것 같아. 왜냐고? 내 몸이 점점 자라기 시작하면서 무언가 이상하다는 생각이 들었거든. 그 이상한 느낌은 다름 아닌 비좁은 철창 때문이었어. 나는 아무 데도 갈 수 없이 좁은 우리에 갇혀 있었지. 엄마가 옆에 있는데도 엄마 품에 안길 수도 없었어. 철창은 단단한 벽처럼 엄마와 나를 가로막아서, 그 창살 틈으로 손을 내밀어 보는 것밖엔 할 수 없었지. 추운 날에는 더더욱 엄마 품에 안겨 잠들고 싶었고 가끔은 엄마에게 장난을 치고 싶기도 했는데 나는 아무것도 할 수 없었어. 내 몸은 어디든 달리고 싶어 근질거리는 느낌이었어. 분명 어디선가 향기로운 꽃 냄새가 바람에 실려 오는데도 나는 그곳으로 걸어갈 수 없었어. 한두 발자국만 걸어도 금방 철창에 부딪히고 말았거든. 내 눈에 비치는 것은 나와 비슷하게 생긴 다른 곰들과 몇십 개의 철창과 하루에 한 번 우리에게 먹을 걸 주러 오는 어떤 할아버지말고는 없었어.

아! 계절이 바뀌는 것은 오로지 창 너머 커다란 밤나무와 떡갈나무, 그들의 이파리 색깔이 변하고 향기가 달라지는 것을 통해서만 알 수 있었지. 그리고 그것만이 유일한 기쁨이었던 것 같아. 살짝 휘어 자라는 나무와 큰 가지를 보면 거기에 올라가 보고 싶은 마음이 정말 굴뚝같았지. 철창 밖으로 팔을 뻗어 보았지만 나무에 닿는 건 도저히 불가능한 일이었어. 문이 부서져라 온 힘을 다해 철창을 흔들어도 봤어. 녹슨 철가루만 떨어질 뿐 철창은 꿈쩍도 하지 않았지.

온몸의 세포들이 꿈틀대서 정말 어찌할 바를 모르던 날도 있었어. 그럴 때는 내 몸보다 두세 배 정도밖에 안 되는 철창 안을 빙글빙글 도는 수밖에 없었어. 한참을 돌다 보면 머리가 어질어질하기도 했지만 그것보다 더 힘든 것은 발걸음을 내딛을 땅과 흙도 나에게는 없었다는 거야. 그렇게 아무 생각 없이 서성이기라도 하는 날이면 그나마 몸이 피곤해서 잠을 자는 것은 훨씬 수월했지. 나만 그렇게 살았던 건 아니야. 엄마도 비슷했고 다른 철창 속 형이나 누나, 아저씨 들도 마찬가지였어.

그러다 어느 날 두 명의 남자가 내 곁으로 다가왔어. 무언가 불안한 낌새가 느껴졌어. 나는 겁이 났어. 그 모습을 지켜보던 엄마가 울부짖는 소리까지 들었는데, 어쩐 일인지 나는 정신을 잃고 말았어. 나에게 무슨 일이 일어났던 건지 나는 전혀 기억이 나질 않아. 잠을 자고 일어난 것만 같아. 머리는 심하게 지끈거렸고 배가 너무 많이 아팠어. 자세히 보니 내 배에는 무언가 대롱대롱 달려 있었고 생전 처음 보는 자물쇠까지 채워져 있었지. 나는 조심히 만져 보았어. 그런데 배가 찌르듯 아파 와 더 이상 손을 댈 수 없었어. 무슨 일이 벌어진 건지를 알 수 없으니, 어떻게 할 수가 없었어. 그제야 나 말고 엄마의 배에도, 형과 누나의 배에도 같은 표식이 있었다는 걸 알았지.

이후에 할아버지와 다른 사람이 함께 오가곤 했어. 그때마다 그들은 나를 쇠막대기로 위협하며 한쪽 구석으로 몰았고 옴짝달싹 못 하도록 철창에 기다란 막대기를 걸어 공간을 좁혔어. 나는 꼼짝도 하지 못하고 네발로 선 채 멀뚱멀뚱 그들을 바라봐야만 했어. 그들은 내 배의 자물쇠를 열어 무언가를 꺼내고 다시 비닐 팩을 바꿔 끼워 놓았지.

나중에야 안 일이지만 내 몸에서 쓸개즙을 빼내어 사람들은 그것을 약으로 쓴다고 했어. 우리가 죽으면 단 하나의 쓸개를 얻겠지만, 살아 있는 상태에서는 계속 쓸개즙을 얻을 수 있으니까 우리를 이렇게 가두어 키운다고 했어. 그렇게 한 번씩 비닐 팩을 교체할 때 쓸개즙이 가득 채워져 있으면 사람들은 아주 좋아했어. 나는 고통스러운데 사람들이 좋아하는 이유를 이해할 수 없었어.

어느 날인가, 내 옆 철창의 형이 심하게 울부짖기 시작했어. 나는 마음이 약해서 누가 우는 소리만 들어도 덩달아 눈물이 나곤

해. 형은 온몸으로 철창을 들이받기라도 하듯 부딪쳐 가며 고통스러워했어. 그런 모습을 보고 있자니 나는 더욱더 괴로운 기분이었지. 고통스러워도 어떻게 할 수조차 없어서 낙담하며 살아가던 날들이었는데 그 형 때문에 다들 더 격하게 울기 시작했어. 그러자 우리에게 사료를 갖다 주던 할아버지가 나타나 화를 내며 형을 쇠꼬챙이로 찔렀어. 얌전히만 있으면 그렇게 꼬챙이에 찔릴 일도 적을 텐데 형이 왜 저러나 싶었지. 형이 울어 댈수록 할아버지는 더 목소리를 높여 화를 내니까 나는 그 상황이 안타깝기 짝이 없었어. 무엇보다 형이 불쌍했거든. 엄마도 형을 보면서 나와 같은 생각을 했던 것 같아. 한숨을 쉬는 엄마에게서 깊은 슬픔이 느껴졌어. 나는 누구한테 반항할 성격도 못 된 데다 아무리 안타까워도 누구를 도와줄 형편도 안 되었던 거지.

그러다 밤이 되어 세상이 고요해졌단다. 갑자기 뚝! 철커덕! 소리가 울려 퍼졌어. 형의 철창이 열려 버린 거야. 나보다 덩치가 훨씬 큰 형이었던지라 결국 고리가 꺾였던 것 같아. 아무도 예상하지 못했던 일이야. 삐거덕 하고 녹슨 문이 열렸는데 형은 움직임도 없이 가만히 서 있기만 했어. 달빛에 형의 모습이 선명하게 보였어. 우리는 늘 자유롭게 세상을 누비는 모습을 상상했지만 어

느 누구도 그렇게 살아 본 적이 없어서 당황하기만 했지. 모두 숨 죽이고 형을 바라보기만 했어. 그렇게 의기양양한 형이었는데 왜 멍하니 서 있기만 했던 걸까? 생각해 보면 형도 나도 흙이라는 걸 밟아 본 적이 없어서 그랬던 것 같아. 철창 아래로 발을 딛는 것이 가능한 일인지 가늠조차 할 수 없었던 거야. 나는 심장이 쿵쾅거 려서 엄마 쪽으로 다가가 몸을 바짝 붙이고 있었어. 엄마도 팔을 뻗어 내 어깨에 손을 올려 주었지.

시간이 조금 흐른 후에야 형은 조심스럽게 땅에 발을 디뎠어. 발자국 소리는 한밤중이라 더 크게 울려 퍼지는 것 같았어. 내가 꿈에서만 그려 보았던 그 느낌을, 형은 온몸으로 경험하는 순간 이었지. 촉촉하고 차가운 흙의 느낌이 발바닥에서부터 올라왔을 거야. 이게 꿈이 아닌 현실이라는 것을 알기까지 한참이 걸릴 수 밖에 없었을 거야. 그렇게 한 발 두 발 조심히 걸음을 내딛는 형을 보니 울컥하는 기분이 들었어. 형이 경험하는 흙의 촉감은, 우리 들의 꿈이 모두 실현된 기분과 같을 거야. 그렇게 멀어져 가는 형 을 보면서 그것이 무엇을 의미하는지 전혀 이해하지 못하는 친구 들도 있었어. 나도 물론 자세히 알지는 못했어. 그러나 내 몸이 자 유롭게 움직이고 싶어 했던 순수한 본능이라는 느낌만은 강하게 들었지.

형의 걸음에 조금씩 속도가 붙기 시작했어. 나는 오래도록 그 모습을 보고 싶었는데 형은 금방 우리들 시야에서 사라지고 말았어. 깜깜한 데다 무성한 풀과 나무에 가려져 형이 움직이는 소리만 메아리처럼 가슴에 울려 퍼졌지.

그날 밤 나는 잠을 제대로 잘 수 없었어. 무언가 복잡한 생각이 머리와 심장에 가득한 기분이었거든. 새벽녘이 되어서야 까무룩 잠이 들었던 것 같기도 한데 형이 나 대신 자유롭게 세상을 휘젓고 다니는 모습을 본 것 같아. 나는 기분이 너무 좋았어. 꿈이라는 걸 알고서도 눈을 뜨기 싫을 정도였어. 그냥 그 꿈속에 머물러 있고만 싶었어. 눈을 감은 채 형의 모습을 생각하며 나는 조용히 미소를 지었지. 나의 꿈을 이뤄 준 형이 대단하게 느껴졌고, 나 대신 세상의 다양한 빛깔들을 보고 느낄 형이 너무 멋져 보였어.

그런데 해가 높이 솟아오를 무렵, 네다섯 명의 사람들이 형을 들것에 실어 오는 것이 보였어. 형은 가만히 누워 있었어. 오른팔과 오른 다리는 축 늘어져 있었지. 하늘의 해가 눈부시지도 않은지 눈을 깜박이지도 않았어. 가슴과 어깨, 목덜미에서는 피가 흘렀어. 들것에도 붉은 피가 번지고 있었지. 본능적으로 우리는 형이 죽었다는 것을 알았어.

우리들이 태어나고, 자라고, 평생을 살아가야 할 그 철창 앞을 형은 죽은 채로 지나가고 있었어. 너무도 짧은 순간이었지. 아무도 설명해 주지 않았지만 모든 것을 알아 버렸어. 형이 꿈꾸던 세상으로의 외출은 반나절도 채 가지 못했다는 것을 말이야.

나는 형처럼 패기 있는 곰은 아니야. 그렇다고 해서 오래오래 살려면 소심하게 있어야 한다는 것도 이상한 일인 것 같아. 형이 죽고 나서 내 머리 속은 더 복잡해졌어. 나도 모르게 종일 철창을 빙빙 돌거나 머리를 부딪치는 일이 많아졌지. 열 살 정도가 되면 고기가 되기 위해 죽어야 한대. 그 전에는 이렇게 사는 수밖에 없대.

나는 가끔 형처럼 용감한 곰이 나타나, 멀리멀리 깊은 산속에 들어가 사는 것을 그려 보곤 해. 내가 할 수 없는 일을 누군가라도 대신 해 준다면 그것만큼 기쁜 일이 없을 것 같아. 그리고 형은 두고두고 내 가슴에 슬픈 영웅으로 기억될 거야.

우리 정부는 1981년부터 곰의 수입을 허가하고 사육을 권장했습니다. 중국이나 동남아 등에서 수입된 곰은 농가의 수익 창출을 위해 평생을 철창에 갇혀 살아갑니다. 좁은 공간 안에서는 극도로 스트레스를 받아 철창 안을 빙빙 돌거나 종일 머리를 흔드는 행동을 반복하기도 해요.

곰이 돈이 되는 이유는 바로 웅담(熊膽) 즉 곰의 쓸개 때문이에요. 곰의 쓸개를 적출해 말려서 팔거나, 배에 구멍을 뚫고 호스를 연결해 쓸개즙을 빼냅니다. 사람들은 이것이 건강에 좋다고 믿고 있어요.

농장에서 탈출한 곰은 바로 사살됩니다. '국제 멸종 위기종인 곰을 보호해야 한다'는 여론에 따라 1993년 곰 수입과 수출은 중단되었고 2026년부터는 사육도 금지됩니다. 하지만 이미 수입되거나 번식된 곰들은 그대로 갇혀 있어요. 이들은 여전히 도살되거나 웅담 채취용으로 살아갑니다.

2 보고 싶어서 울었을 뿐이에요
- 강아지 펫숍과 유기동물

나는 15만 원짜리 강아지야. 원래는 20만 원이라고 했는데 나를 사러 온 사람이 내 눈의 갈색 얼룩이 정확한 대칭이 아니라며 5만 원을 깎았거든. 어차피 나는 태어난 지 두 달이 다 되어 가고 있었기 때문에, 조금 더 자라면 5만 원이 아니라 10만 원을 깎아 줘도 팔리지 않을 거야. 그래서 펫숍(Pet Shop) 주인은 그 자리에서 거래를 끝내 버렸지.

나를 사러 온 사람은 엄마와 딸, 그러니까 모녀 사이야. 딸은 초등학교 5학년쯤 되었을까? 단발머리에 빨간 머리핀을 꽂은 모습이 정말 예뻤어. 그렇게 예쁜 소녀가 나의 언니라니! 내게도 가족이 생기다니!

덕분에 나는 지루한 펫숍의 아크릴 박스에 갇혀서 잠만 자던 삶에서 벗어날 수 있었어. 태어나고 2주쯤 지나 눈을 뜨면서부터 나는 뽁뽁 기어다니다가 혼자서 걸음마도 익혀야 했지. 누구 하나 친구가 되어 주는 사람이 없었어. 가끔 펫숍에 들른 손님들이 아크릴판을 똑똑 두드리며 나를 귀엽게 바라봤지만 나는 그들의 취향이 아니었나 봐. 결국 새하얀 털이 복슬복슬한 다른 강아지를 사거나, 나보다 더 작은 강아지를 골랐어. 그런 일상 속에서 나는 하품을 하며 잠만 자곤 했지. 사람들이 드나드는 모습을 지켜보는 것 말고는 할 일이 하나도 없었거든. 그 지루함에 비하면 새로운 여행은 가슴이 콩닥콩닥 설레는 일임이 분명해. 내게도 가족이 생긴 거지. 나는 선택받은 강아지였던 거야!

나는 그들이 준비해 온 작은 가방에 들어가 얌전히 앉아 있었어. 사실 엄마는 나를 그렇게 마음에 들어 하는 눈치는 아니었어. 내 외모를 보고 품평하듯이 말하는 것부터 좀 마음에 들지는 않았지. 어쩌면 딸이 하도 조르니까 어쩔 수 없이 나를 사게 되었던 것 같아. 그렇더라도 이건 대단한 인연이잖아? 나는 그렇게 생각하고 싶었어.

차를 타고 이동하는 동안에는 좀 덜컹거려서 멀미가 날 뻔했지만 그 정도는 아무것도 아니야. 소녀가 가방을 살짝 열고 빼꼼히 나를 들여다보았지. 너무나도 행복한 얼굴로 나를 '사랑아'라고 부르는 거야.

"사랑아, 사랑아, 사랑아…."

이게 내 이름이래. 어찌나 마음에 들던지…. 기쁘다는 표현을 하려는데 내 입에서는 '앙!' 하는 소리만 나왔어. 그것마저도 귀엽다고 소녀는 까르르 웃었어. 내 가슴에는 말할 수 없는 행복감이 밀려왔지.

집에 도착한 그날은 정신없이 잠만 잤어. 가방에서 나올 때는 엄마의 손에 번쩍 들어 올려졌다가 담요가 깔린 자리에 조심히 내려졌어. 무척 푹신했어. 태어나서 처음 보는 사물들이 신기하기만 했어. 저녁 무렵에는 아빠가 들어왔지만 나는 웬일인지 너무 피곤했어. 잠결에 들은 소리지만 나더러 성격이 수더분하대. 어쩜 이렇게 쿨쿨 잘 자냐고 했던 것 같아. 내가 자는 모습을 가까이서 지켜보며 소녀가 내 등을 쓰다듬었어. 그래서 더 졸렸던 것 같기도 해. 편안하고 따뜻하고, 나는 무척 행복했어.

나는 금방 가족들과 친해졌어. 집에 와 처음으로 먹은 것은 물에 불린 사료였지만 그것마저도 너무 맛있었어. 10초도 안 되어 밥그릇을 비우고 나면 코에도 축축한 사료가 묻어 있었어. 하지만 그것만으로는 여전히 허전했어. 나는 무엇이든 먹어 치울 수 있을 것 같았지만 가족들은 내가 살찔까 봐 많이 주지는 않았어. 몸이 자라는 속도가 너무 빠르다며 하루에 세 번이던 식사가 두 번으로 줄기까지 했단다.

언젠가 집에 손님이 왔는데 정말 어처구니없는 소리를 하더라니까! 개들은 하루에 한 번만 먹어도 된다는 거야. 그런데 엄마는 또 그 말을 곧이곧대로 듣는 거야. 이후로 내 밥그릇은 하루에 한 번만 채워지게 되었지. 엄마는 워낙 깔끔하고 완벽한 성격이라 한 번 정한 규칙을 좀체 바꾸지 않았어.

그래도 내게는 소중한 언니가 있잖아. 언니는 엄마 아빠 몰래 간식을 주곤 했어. 그건 마른 사료와는 차원이 다른 맛이야. 달콤한 빵과 초콜릿이 묻은 과자와 말랑말랑한 젤리까지, 어쩜 세상에는 이렇게 맛있는 것이 많은 걸까? 언니 손에 들린 간식들을 덥석덥석 받아먹으며 언니와 나는 비밀스러운 시간을 이어 갔어. 반면 엄마는 왜 내가 자꾸 몸집이 커지는지 이해할 수 없다는 표정이었지. 엄마도 다른 사람들처럼 큰 강아지를 별로 좋아하지 않았나 봐. 그럴수록 언니와 나는 떼려야 뗄 수 없는 우정으로 끈끈하게 연결되는 기분이었어.

언니가 학교에 가고 나면 종일 언니를 기다려야 했지. 그런데 날이 갈수록 그게 너무 힘들어지기 시작했어. 몰래 간식을 나눠 먹는 즐거움도 컸지만, 그보다 나는 언니와 함께하는 그 시간 자체가 좋았어. 급기야 나 혼자 집을 지키는 날이면 앙! 하며 언니를 부르기 시작했어. 내 목소리는 빈집에서 더 크게 울렸고, 어떤 날은 마음까지 슬퍼져서 앙! 앙! 하다가 우우우…! 하는 하울링까지 나오게 되었어. 늑대처럼 하늘을 향해 구슬프게 울부짖는 소리 말이야.

결국 일이 터지고야 말았어. 이웃에서 항의가 들어온 거야. 아무도 없는 집에서 혼자 울고 있는데 누군가 현관문을 두드리며 초인종을 눌러 대기 시작했어. 나는 불안한 마음에 더 큰 소리로 울 수밖에 없었지. 언니나 엄마, 아빠가 내 목소리를 듣고 달려와 주기를 바랐거든. 그러면 그럴수록 현관문 밖의 낯선 목소리는 더 거세게 화를 냈어. 나 말고는 집에 아무도 없다는 것을 알았는지 초인종 소리는 그쳤지만, 저녁 무렵 우리 가족이 다 모였을 때는 경비 아저씨가 우리 집 문을 두드리게 되었단다.

가족들은 얼굴빛이 어두워졌어. 그때까지만 해도 나는 뭐가 문제인지 몰랐어. 그런데 이게 어제오늘의 문제가 아니라는 엄마의 말을 듣고 심장이 철렁 내려앉았지. 해결 방법은 두 가지래. 목소리가 나오지 않게 성대 수술을 시키거나 아니면 다른 곳에 보내야 한다고 했어. 하지만 나는 언니와 함께 있고 싶은 마음 말고는 아무것도 바라는 게 없었어. 사료를 하루에 한 번 먹어도 괜찮아. 산책을 자주 안 나갔어도 언니만 학교에서 돌아오면 나는 좋았어. 언니가 울었어. 나를 수술시키는 것도, 다른 곳에 보내는 것도 안 된대. 나도 언니와 같은 생각이었어.

그날 밤, 울며 잠든 언니를 바라보며 어쩌다 나의 삶이 이렇게 되었는지 마음이 무거웠어. 이 모든 문제를 만든 내가 한심하다는 생각도 들었어. 그래도 늘 내 편이 되어 주는 언니를 따뜻하게 안아 주는 상상을 하며 나도 잠이 들었지.

그렇게 하루 이틀이 지나며 비슷한 일상을 살고 있었어. 어느 날 엄마는 나를 처음 데려올 때 썼던 가방에 넣었어. 아빠는 출근하고 언니는 학교에 가고 없었지. 가끔 산책 갈 때면 목줄을 했는데 그날은 목줄도 없이 가방에 들어가게 된 거야. 곧이어 엄마는 나를 차에 태웠고 나는 생전 처음 가 보는 도로를 지나 도시의 외곽으로 가게 되었어.

사람들이 보이지 않는 길에 이르자 엄마는 나를 가방에서 꺼내 차 문을 열고 도로에 내려놓았지. 목줄이 없어 자유로웠지만 나는 왠지 기쁘지 않았어. 엄마는 그대로 차 문을 닫고 내가 다시 타지도 않았는데 달리기 시작했어. 나는 차의 꽁무니를 따라 달렸어. 산책 치고는 속도가 너무 빨라서 이상했지만 엄마를 놓치면 안 된다는 생각뿐이었어. 그런데 차는 나보다 훨씬 잘 달렸고 나는 그 속도를 이기지 못했어. 결국 차를 놓치고 말았지. 엄마를 놓치고 만 거야.

나는 낯선 길 위에 혼자 남겨졌어. 어쩌면 언니를 더 이상 만날 수 없을지 모른다는 불길한 생각이 들었어. 걷고 걸었지만 우리 집을 찾을 수가 없었어. 발바닥은 찢어져 피가 흘렀지만 주저앉아 상처를 핥고 있을 여유는 없었어. 밤이 오기 전 우리 집에 가야 했지. 언니가 학교에서 돌아오면 나를 애타게 찾는 모습이 눈에 선했거든.

문득 정신을 차려 보니 온통 다른 강아지들로 시끄러운 공간에서 웅크리고 있는 내가 보였어. 나는 어디에 있는 걸까? 우리 가족들은 또 어디에 있지? 언니는 왜 보이질 않지? 내가 어쩌다 이곳에 오게 되었을까?

이곳은 버려진 강아지들이 모인 '유기동물 보호소'라고 했어. 내가 눈을 떠 세상을 바라보기 시작한 펫숍처럼, 수많은 강아지가 들어오고 나가는 곳 같아. 다만 이곳의 강아지들은 작고 귀여운 강아지들이 아닌, 몸집도 제각각인 데다 털 관리가 안 되어 지

저분한 개들까지 다양한 모습들이야. 이들 중 일부는 어쩌면 1만 원에도 팔려 갈 수 없을 정도로 보여. 나와는 달라 보였지. 나는 가족들에게 충분히 사랑을 받았고, 나 또한 우리 가족들을 한없이 사랑했던 강아지잖아. 이름조차 나는 사랑이잖아!

그러나 이곳에서는 아무도 내 이름을 불러 주지 않았어. 그 대신 76번이라는 숫자로 불리고 있었지. 게다가 이곳에 들어온 날로부터 열흘이 지나면 안락사 명단에 오르게 된대. 우리 가족들이 나를 찾아와 주지 않으면 나는 강제로 세상을 떠나야 한다는 거야. 내게는 며칠이 남은 걸까? 이곳에 온 지 얼마나 지났을까? 나는 고작 한 살도 안 된 어린 강아지인데, 왜 나는 사람들의 손에 태어나서 죽음까지 맞아야 하지? 왜 건강한 심장이 뛰고 있는 이 몸에 가격표가 붙고 관리 번호로 분류되어 갇혀 있어야 하지? 나는 내게 벌어지고 있는 일들을 도무지 이해할 수 없었어. 나의 소중한 언니라면 이 상황을 설명해 줄 수 있을까?

누군가 보고 싶을 때면 나는 가만히 눈을 감고 내 심장을 느껴 보곤 해. 언니를 기다리던 시간에도 종종 그렇게 하루를 보냈거든. 언니와 비밀을 나눴던 그 시간, 학교 갔다 돌아오는 길에 달콤한 딸기 맛 막대사탕을 들고 오는 언니를 나는 지금 기다리고 있어. 엄마 몰래 내 입에 물려 주며 행복해하는 언니 얼굴을 그려 보고 있어. 눈을 감으면 언니의 모습이 선명해져 나는 자꾸 웅크리고 잠만 자. 내일이면 어쩌면 우리 가족들을 만날 수 있을지도 몰라.

우리나라에서만 한 해 45만 마리의 강아지가 무허가 번식장에서 태어납니다. 이곳의 엄마 아빠 개들은 평생 임신과 출산을 반복하며 새끼를 낳아요. 태어난 강아지들은 젖도 제대로 먹지 못하고 경매장을 통해 펫숍에 진열됩니다. 시중에 판매되는 대부분의 강아지들은 이런 경로를 거치고 있지요.

사람들이 작은 강아지를 선호하기 때문에 몸집이 커지지 않도록 먹이를 제한하기도 합니다. 품종과 색깔과 무늬에 따라 가격이 달라져요. 생명을 사고파는 사람들은 필요에 따라 쉽게 버리기도 합니다.

2023년 기준 한 해 13만여 마리의 동물이 버려지고 있어요. 그중 개가 9만 5000마리, 고양이가 3만 4000여 마리라고 해요. 유기동물은 계속 늘고 있습니다. 유기동물 보호소에 들어간 동물들은 10일 정도의 공고 기간을 거쳐, 주인이 나타나지 않을 경우 안락사로 생을 마감합니다.

3 소가 햄버거를 먹는 이유
- 공장식 축산과 소의 일생

어쩌다 우리는 인류와 인연을 맺게 되었는지 모르겠어. 우리가 좀 더 성격이 난폭했거나 거칠었다면 아마도 여기까지 오지 않았겠지? 그래서 우리도 사자나 호랑이처럼 날카로운 발톱과 이빨을 가졌더라면 얼마나 좋았을까 생각해 본 적이 한두 번이 아니야. 끔벅끔벅하기만 할 뿐 아무 위협도 주지 않는 눈, 느린 걸음걸이, 뿔이 있어도 인간에게 대들지 않으니 우리가 만만했던 게 틀림없어. 우리들 가슴에는 맺힌 게 많아서 얘기를 하자면 밤을 새워도 모자랄 거야.

인류는 우리에게서 젖과 고기를 빼앗았어. 잘 알겠지만 모든 동물은 새끼를 낳아야 젖이 나오잖아. 우리가 송아지를 낳고, 송아지가 어느 정도 자랄 때까지는 어미젖을 먹고 살아야 해. 그런데 송아지에게 먹일 젖을 인간이 얻어 가기 시작했지. 그때만 해도 우리 입장에서는 조금 나눠 주는 정도라고 생각했어. 대신 추운 겨울날, 신선한 풀이 없을 때는 사람들이 우리에게 먹을 것을 주었으니까, 그 정도면 도움을 주고받는 관계라고 할 만했지.

그런데 고기를 얻어 가는 건 우유를 얻어 가는 것과 달랐어. 그건 우리 중 누군가는 반드시 죽어야 가능한 일이니까. 죽음이란 생명으로 태어난 존재들에게는 가장 큰 두려움이야. 모든 생명은 살고자 하는 본능이 있단다.

거기까지만 해도 나쁘지 않았어. 생명은 또 언젠가는 죽게 마련이니까, 죽음이 다가왔을 때 기꺼이 고기를 내줄 수 있었다고 긍정적으로 생각할 만했어. 인류는 우리를 노동에도 이용했지. 덩치 크고 힘이 세니까 논과 밭을 갈도록 했던 거야. 만약 인간이 다른 동물들처럼 먹이를 찾아 떠도는 삶을 살았다면 우리에게 이런 역사도 없었겠지? 멀리 이동하지 않고 한곳에 정착하는 삶을 선택하면서 우리도 덩달아 그렇게 된 거야. 그때 차라리 들로 산으로 도망가 버렸더라면 우리의 삶은 여기까지 오지 않았을 거야.

우리는 무거운 쟁기를 하루 종일 끌어야 했어. 사람이라면 열 명이 달라붙어도 낑낑대며 도저히 하지 못할 일을, 우리는 그저 묵묵히 해냈지. 사람들은 코를 뚫어 우리를 조종했어. 힘들어서 조금이라도 걸음이 느려지면 매를 맞기도 했어. 이랴! 이랴! 그러면 매를 안 맞으려고 다시 힘을 내야 하지. 하루 종일 일을 시켰다고 불평할 수도 없었어. 음매! 음매! 힘들어서 울어 봐도 사람들은 우리의 말을 알아듣지 못했지. 돌아오는 건 더 아픈 채찍질밖에는 없었어.

그래, 평생을 이렇게 일하다 죽거나 사람들에게 고기와 가죽을 내주고 떠나는 삶이라도 어느 정도 이해할 수 있었어. 우리에게는 무척 고통스러운 삶이었지만 이마저도 괜찮은 삶이라고 생각할 만한 일이 벌어진 거야. 인간이 우리를 이용하는 방식이 더욱 가혹해지고 우리의 삶이 더 비참해졌어. 다름 아닌 공장식 축사라는 거지.

공장식 축사는 평생 듣도 보도 못한 시설이었단다. 우리가 했던 논밭의 노동을 기계가 대신할 수 있게 되자 이제는 우리를 오로지 고기와 우유로만 보기 시작한 거야. 우리도 인간과 다를 바 없이 엄연히 심장과 두 눈을 갖고 태어난 생명인데, 이제는 공장에서 찍어 내는 상품으로 취급되기 시작했지. 사람들은 더 많은 우유와 고기, 가죽을 얻고자 했어. 그러려면 많은 소들이 필요하니 강제 임신을 시켜 더 많은 송아지를 낳게 했지. 그 과정에서 우리는 햇빛도 들지 않는 어두운 창고 같은 공장에 갇혀 살아야 했어. 거기서 태어난 송아지들은 태양이 무엇인지도 몰라. 한 번도 본 적이 없기 때문이야.

심지어 우리가 몸을 움직이면 고기가 질겨진다고 움직이지도 못하게 했어. 때로는 사람들이 먹다 남긴 상한 햄버거나 과자까지 먹기도 했어. 햄버거에는 소고기 패티가 들어가잖아. 소들이 소고기를 먹는 거지. 튀긴 과자에는 지방 성분도 많을 거야. 이걸 우리에게 먹이는 이유는 뭘까? 풀만 먹던 소들이 지방 성분을 먹으면 몸에도 마블링이 많이 생긴대. 살코기 사이에 그물처럼 퍼져 있는 하얀색 지방인데, 그게 많아야 맛있는 고기라고 사람들이 좋아하거든.

수컷으로 태어난 소들이 고기가 되려면 거세라는 과정도 필요해. 수컷에게서 나오는 호르몬은 부드러운 고기를 만들지 못하게 한대. 수소들은 마취도 없이 칼로 거세를 당해. 얼마나 아플지 상상만으로도 충분하지? 몸의 고통뿐만 아니라 정신적 충격이 엄청나지.

모든 소는 태어나서 죽을 때까지 똑같은 삶을 살게 돼. 태어나서 죽을 때까지 시간도 얼마 되지 않아. 우리는 원래 20년 30년도 살 수 있는데 공장식 축사에서는 고작해야 몇 달 혹은 1년, 아주 길어야 2년 정도에 불과하지. 1년 정도면 몸이 다 자라기 때문에 고기를 얻자면 그 정도로 충분했던 거야. 그 이상 키우는 건 인간들에게 불필요한 일인 거야.

이런 삶을 살다가 결국엔 도축되기 위해 끌려가는 날이 오지. 우리는 본능적으로 알아. 이제 죽음을 맞게 된다는 사실을 말이야. 어떤 소들은 눈물을 뚝뚝 흘리기도 하고 어떤 소들은 죽기 싫다고 발버둥치기도 해. 어떤 소들은 도축장을 탈출해 도로를 질주하기도 해. 생전 처음 보는 콘크리트 길 위에서 자동차들과 엉켜 온통 아수라장이 되고 말지. 그 시간은 그리 길지도 않아. 어떻게 해도 그 소는 다시 잡혀 들어가게 돼.

죽을 때만이라도 두려움이나 고통 없이 떠날 수 있다면 얼마나 좋을까? 그래서 우리를 안타깝게 여기는 사람들은 마취 주사라도 놓고 도축하면 안 되느냐고 말하지. 그러나 주사약이 들어가면 역시 고기 맛이 떨어진다고 사람들이 싫어한대. 고기 속에 주사약이 들어 있으면 찜찜한 기분이 들기도 할 거야. 그러나 우리는 자라는 동안에 수많은 주사를 맞아. 백신과 항생제야. 질병을 치료하거나 예방한다는 차원이래. 태어날 때도 죽을 때도 우리 마음대로 할 수 있는 건 아무것도 없어. 모든 고통은 우리가 짊어져야 하는 거야. 이 모든 게 인류의 풍요로움을 위한 시스템이지.

어쩌면 고기가 되기 위해 태어나고 죽어 가는 소들은 다행이라고 말할 수 있을까? 우리가 생각하는 가장 비참한 삶이 또 있어. 바로 우유를 빼앗기는 젖소들이지. 어? 젖소는 처참한 죽음 없이 조용히 우유만 내주면 되는데 왜 비참하냐고? 거기에는 정말 복잡한 문제가 얽혀 있단다.

말했지만 젖이란 엄마가 아기를 낳았을 때, 소가 송아지를 낳았을 때, 그래서 아기와 송아지가 어느 정도 자랄 때까지 나오는 거잖아. 잘 생각해 봐. 엄마소가 송아지를 낳지 않으면 우유가 나오지 않겠지? 다시 우유를 나오게 하려면 송아지를 낳게 해야 하는 거야. 송아지를 낳는 건 소들의 마음대로 되지 않아. 그건 축산 시설을 관리하는 사람들이 결정할 문제야. 강제 임신을 시키지. 그래서 태어난 송아지가 암컷이면 엄마와 같은 삶을 살고, 수컷이면 우유를 생산하지 못하기 때문에 바로 도살되기도 해. 태어나자마자 엄마의 젖을 한 번도 먹어 보지 못한 채 바로 엄마 곁을 떠나면 엄마소는 고통스러워서 오랫동안 울부짖기도 한단다.

고기가 될 송아지는 성장촉진제라는 걸 맞기도 해. 빠른 속도

미래 세대를 위한 동물권 이야기

로 자라게 하는 주사야. 그러면 5개월 만에 충분히 자라 역시 고기로 도축되지. 송아지 고기는 연해서 고급 음식으로 불리기도 한대. 사람들이 젖소라고 부르는 소들이, 태어나면서부터 우유를 만들어 낼 수 있는 건 아니야. 젖소는 단지 사람들이 붙인 이름일 뿐이야. 강제 임신과 출산, 엄마소와 아기소의 생이별, 거기다 도축까지, 젖소가 겪어야 하는 고통은 이루 말할 수 없단다. 이런 고통을 안고 평생을 살아야 하는 게 젖소들의 삶이야. 그러다 나이가 들어 임신도 힘들어지면 결국 값싼 소고기로 팔려 가는 신세가 돼. 어떻게 해도 결국은 죽음으로 끝나는 우리들의 삶에서, 고통이 가장 긴 건 바로 젖소들이 아닐까 해.

나는 지금 작은 시골 마을의 축사에서 살고 있어. 여기에는 나를 포함해 스무 마리 정도의 소가 함께 지내고 있지. 우리는 축사 안에서 자유로워. 하지만 이건 나의 소망일 뿐이야. 축사 안이 너무 비좁기 때문에 걸음도 제대로 걸을 수가 없거든. 게다가 흙바닥은 배설물과 뒤섞여 늘 축축해. 걸으면 발이 푹푹 빠질 정도지.

우리도 배설물에서 나는 악취는 고통스럽단다. 하지만 우리 힘으로는 아무것도 할 수 없다는 것을 누구나 알 거야. 우리가 만약 햇볕 가득한 들에 나갈 수 있다면 이런 배설물들은 아무 문제도 되지 않을 테지. 옛날에는 배설물을 잘 말려 땔감으로 쓰기도 했다는데 지금은 이걸 처리하는 문제도 만만치 않은가 봐. 이웃 사람들이 우리들 냄새 때문에 못 살겠다고 가끔 항의하러 오거든. 그럼 나는 제발 우리를 풀어 달라고 말하고 싶은 마음이야. 그러나 아무리 소리를 내 봐도 음매! 하는 소리밖에 나오질 않으니 나도 답답한 심정이란다. 만약 우리를 풀어 준다면 우리는 그저 들이나 산자락으로 나가 조용히 풀만 뜯으며 살 생각이야. 그동안 우리 소들이 인류에게 착취당한 걸 생각하면 몹시 괴롭지만, 그렇다고 반대로 우리가 사람들을 괴롭힐 생각은 전혀 없거든.

내일이면 여기 있던 소들 중 셋이 도축장에 갈 거래. 내가 움직일 수 있는 공간도 그리 넉넉한 편이 아니지만 오후 해가 비스듬히 비치면 축사 안에도 잠시 햇볕이 들어와. 그 자리를 내가 차지하곤 했지. 오늘 나는 내일 떠날 친구를 위해 그 자리를 양보했어. 삶의 마지막 날에라도 따뜻한 햇볕을 마음껏 즐기라고 말이야. 나는 지금 그들의 눈동자를 보며 얘기하고 있단다. 힘든 삶이지만 잘 이겨 냈다고…, 하늘나라 초록 풀밭에서 행복하길 바란다고….

인류가 고기로 소비하는 동물의 90퍼센트 이상은 공장식 축산 시설에서 생활합니다. 공장식 축산업은 사람들이 싼 가격으로 고기를 얻을 수 있도록 하는 시스템이지만, 동물들이 겪어야 하는 고통은 가중되고 있어요. 빨리 키워 빨리 도축해야 하기 때문에 성장 속도를 높이는 사료나 약물을 사용하기도 하지요. 특히 젖소들은 강제 임신과 출산을 반복하며 평생 우유를 생산해야 합니다. 낳은 송아지를 뺏기는 것은 말할 것도 없고, 어린 송아지는 고기가 연하다고 해서 더 비싼 가격에 팔리기도 합니다. 처음부터 고기를 목적으로 키워지는 소나 우유를 빼앗기는 젖소는 원래 수명이 20년이지만 이들 대부분은 그 수명의 10분의 1도 살지 못하고 도축됩니다.

4 도시가 고향이에요
- 비둘기의 귀소본능

내 나이 어느덧 열넷, 우리 비둘기 세계에서 나는 노년기에 접어들었다고 볼 수 있지. 매끈하던 깃털도 더 이상 반짝이질 않고 먼지가 내려앉은 듯 푸석해 보여. 그렇다고 내가 하는 말을 기성세대의 잔소리라고만 여기지 말아 줬으면 해. 너희는 아직 늙어 보지 못했겠지만 나는 어리고 젊은 날도 살아 보았으니까 말이야.

우리 비둘기들의 위신이 이토록 비참하게 땅에 떨어졌던 날이 없었어. 옛날 옛적에는 평화의 상징이라며 세상천지에서 우리를 신성하게 여겼지. 그러나 인간의 도시 문화가 발달하면서 우리는 점점 설 자리를 빼앗겨 왔어. 사람들이 우리를 '유해 조류'라고 부르고 있다는 사실을 알았을 때 그 충격은 이루 말할 수도 없었어. 인간에 대한 배신감마저 들 정도였으니까. 그 때문에 우리가 긴급 대책 회의까지 열었다는 사실은 비둘기 역사에도 유례없는 일이야.

유해 조류라는 건 누군가에게 우리가 해를 끼치고 있다는 뜻이잖아? 글쎄, 아마도 이 말에 공감할 비둘기는 세상에 단 한 마리도 없을 거야. 아무리 생각해 봐도 우리가 인간에게 해를 끼칠 만한 행동을 하지 않은 것 같거든.

"환경부 지정 유해야생동물 비둘기 먹이 주기 금지"

공원 같은 곳에선 이런 문구의 표지판이 흔해. 도대체 무엇 때문에 이런 표지판이 생긴 걸까? 설마 우리가 모조리 굶어 죽었으면 하는 바람을 갖고 있는 건 아니겠지? 그렇다면 무엇 때문에 지금 이 상황까지 오게 된 걸까?

인간의 숫자가 이렇게 불어나지 않았을 때는 오히려 우리를 비롯한 다른 동물들 모두 훨씬 더 자유롭게 살았다고 들었어. 우리들만 해도 깨끗한 하늘을 마음대로 날았고 계절에 따라 다양한 씨앗과 열매, 곡식 들을 먹을 수 있었지. 사람들이 먹을 수 없는 것들도 우리에게는 귀한 식량이 돼. 우리는 사람들처럼 땅을 경작하지는 않았지만 사시사철 풍족하면 풍족한 대로, 부족하면 부족한 대로, 하루하루 감사하며 살 수 있었단다.

그런데 요즘 세상은 어떨까? 우리가 대대로 살아오던 땅은 언젠가부터 높은 건물이 차지하고 자동차들은 밤낮없이 시끄러운

미래 세대를 위한 동물권 이야기

소리를 내고 매연을 내뿜지. 사람들은 또 얼마나 바쁘게 움직이는
지 몰라. 그런 환경이 싫으면 우리가 숲으로 이사를 하면 된다고?
그건 우리들의 본능에 맞지 않는 일이야. 우리에게는 귀소본능(歸
巢本能)이라는 게 있거든. 친숙하지 않은 장소에 가게 되면 원래의
편한 곳으로 돌아가려고 하지. 우리가 의도하지 않아도 몸이 그렇
게 작동하는 거야. 그렇기 때문에 원래는 우리들의 숲이었던 곳이
도시로 바뀌었으니 다시 아무 일도 없었다는 듯이 새 숲을 찾아
쉽게 이사할 수 있는 문제가 아니라는 뜻이야. 우리가 원해서 이
도시에 눌러앉아 있는 것이 아니라 쉽사리 고향을 떠나지 못하고
있다는 뜻으로 이해해 주면 좋겠어.

자연에서 얻었던 신선한 먹이 대신 사람들이 뿌려 주거나 흘
리고 다니는 음식물에 의존하며 살아야 하는 것은 우리들의 고충
이지. 도심에 있는 공원이라면 사람들이 좀 여유롭게 산책을 하
니 그나마 조금 나아. 하지만 전철역이나 커다란 건물 앞에서는
우리도 정신이 다 나갈 지경이거든. 매연이 내려앉은 땅바닥의 먹
이를 쪼아야 하고, 먹을 게 없을 때는 사람들이 버린 음식물 찌꺼
기라도 찾아야 하니까 말이야.

그럼에도 우리는 스스로를 비참하게 여기거나 괴롭다고 생각

하지 않아. 하루하루 이렇게 먹을 수 있고, 생명을 이어 갈 수 있고, 자손 대대로 크게 아프지 않고 번성할 수 있으면 그걸로 충분해. 이것이 우리에게는 고귀한 생존의 방식이야. 그런데 우리가 유해 조류라니?

내 머리로는 아무리 생각해도 이에 대한 해답이 나오지 않았어. 다만 우리 세계에서 현명한 연장자 할아버지가 조심스럽게 이런 결론을 내렸지. 어쩌면 우리가 아무렇지도 않게 사람들 가까이 다가가 먹이를 쪼아 먹거나 똥을 누는 행위들을 불쾌해하는 것 같다고 말이야. 우리에게 친절한 사람도 있지만, 어떤 이들은 우리를 발로 걸어차며 쫓는 동작을 하거든. 더럽고 싫다며 인상까지 찌푸리는 경우도 많았어. 그런데 그게 정말 이유가 될까? 나는 할아버지의 말씀에 곧장 반박했지.

"아니, 그렇다면 인간들이야말로 우리에게 유해한 동물이 아닙니까?"

그러자 다른 비둘기들이 내 말에 동의를 해 주었어. 인간이 버린 쓰레기 노끈에 발이 감겨 어떤 비둘기는 다리가 잘려 죽었고, 인간이 세운 으리으리한 건물에 부딪쳐 죽은 새들이 얼마나 많아? 게다가 비둘기들이 더 이상 번식하지 못하도록 모이에 약을 타기도 했어. 우리는 그걸 구분해 낼 수도 없으니 그냥 먹고 살다가 점점 사라질 수밖에 없는 거야. 더 심한 것은 우리들의 개체수를 조절한다고 노골적으로 잡아들여 살처분하는 모습도 보았는데 너무나 무서워서 한동안 몸을 사려야 했었지. 살처분은 병에 걸렸거나 걸릴 가능성이 있다고 판단된 동물을 죽여서 없애는 일이거든.

우리가 몇 날 며칠 고민해서 내린 결론은 이거야. 우리도 살기 위해 먹고, 살기 위해 배설하고, 마음에 들지 않지만 매연 가득한 도심에 둥지를 틀고 살아가는 것뿐이라고 말이야. 그 와중에 다른 비둘기들이 태어나서 숫자가 좀 많아졌다고 하는데 어떻게 80억 인간에 비할 수 있겠어?

세상에 태어난 모든 생명은 먹고 배설하고 번식을 해. 우리는 자연스러운 삶을 살고 있다고 생각해. 우리의 삶터와 아름다운 자연을 훼손하면서까지 도시 문명을 건설했다고 사람들에게 해코지할 생각은 전혀 없어. 사람들이 설령 마음에 들지 않더라도 부리로 쪼아 대는 짓은 결코 하지 않을 거야. 그저 우리가 태어나서 죽을 때까지 본능대로 살 수 있게 바라봐 주기만 하면 안 될까? 우리도 언젠가는 죽을 테니, 개체 수는 사람들이 조절할 것이 아니라 자연에 맡겨 두면 안 될까?

너희도 잘 알다시피 우리는 대대로 평화를 사랑하고 평화롭게 살고 싶어. 인간과 비둘기, 비둘기와 인간이 서로 적처럼 대립되는 생명이 아니잖아. 너희 마음에 들지 않는다고 우리를 사라지게 할 권리는 없어. 우리 마음에 들지 않는다고 인간을 사라지게 할 수 없는 것처럼 말이야. 그러니 너희와 우리, 다른 무수한 생명이 더불어 공존하는 세상을 만들어 가면 어떨까? 이게 바로 우리의 간절한 바람이란다.

과거 우리나라에서 열린 올림픽과 아시안 게임 등의 스포츠 행사에서는 평화의 상징인 비둘기를 3000마리씩 날리는 장면을 연출했습니다. 사람들은 언젠가부터 친근한 존재였던 비둘기를 애물단지로 여기기 시작했습니다. 도심에서는 비둘기의 천적이 거의 없어 그 숫자가 계속 늘게 되었어요. 이로 인해 공원이나 지상의 전철역 등지에서도 비둘기를 쉽게 만날 수 있게 되었습니다.

사람들은 비둘기 때문에 보행에 방해가 된다거나 배설물이 시설물을 더럽히는 등 사람에게 피해를 준다고 여깁니다. 결국 2009년 환경부에서는 비둘기를 유해야생동물로 지정했어요.

이들의 번식을 막기 위해 '불임 모이'를 주거나 살처분을 합니다. 비둘기 외에도 꿩, 고라니, 참새, 까치, 어치, 까마귀, 멧돼지 등도 사람들의 농작물에 피해를 줄 수 있어 유해야생동물로 분류합니다.

유해야생동물이라고 하니 사람들은 이들 동물을 더욱 함부로 해도 되는 생명체로 인식하기도 해요. 이 때문에 비둘기 먹이에 독극물을 섞는 경우도 종종 발생하고 있습니다.

5 바다로 돌아가 보니
- 돌고래 포획과 돌고래 쇼

나는 태순이라고 해. 바다에서만 살았다면 이런 근사한 이름이 없었을 텐데 사람들 세상에서 살다 보니 이름까지 얻게 된 거지. 어쩌다 바다에서 사람들 세상으로 오게 되었냐고? 그야 사람들이 우리를 납치했기 때문이지. 아니, 그렇다고 너무 놀라지는 마. 납치되어 생명이 끝나 버렸다면 내가 지금 이렇게 이야기하고 있을 리도 없잖아?

그런데 그때를 생각하면 아직도 악몽을 꿀 정도야. 언니의 아기, 그러니까 내게는 어여쁜 조카가 되겠지? 나는 언니가 먹이를 구하는 동안 조카를 돌보고 있었어. 물속을 헤엄치는 거야 본능적으로 잘했지만 바다 밑은 땅 위의 세상과는 또 다르게 너무도 신비로운 모습들로 가득해. 조카는 하도 호기심이 많은 아이라 이런 걸 일일이 가르쳐 줘야 했지. 몸을 움직일 때도 어떻게 하면 더 효율적으로 이동할 수 있는지 내 경험을 되살려 직접 보여 주

어야 했어. 그러면 나를 따라 움직이는 몸짓이 어찌나 귀엽던지…. 저 멀리로 솟구치듯 헤엄쳐 가는 조카를 보며 즐거워했지.

그런데 어? 이게 뭐지? 순간 내 몸이 붕 떠올랐어. 그러고는 곧장 어딘가에 내동댕이쳐진 거야. 나는 곧 이리저리 몸부림쳐 보았지만 바닷속에서처럼 날렵하게 움직이는 건 불가능했어. 더 이상 조카의 모습도 보이지 않았어. 너무도 순식간에 벌어진 일이야. 그러다 깜깜한 수조에 갇혀 어디론가 이동을 하는 느낌만 받았어. 아! 그때의 당황스러운 기분은 정말 아무도 모를 거야.

빛이라고는 하나도 없는 곳에 있다 보니 시간이 얼마나 흘렀는지 감도 오질 않았단다. 몇 시간이 흘렀는지, 며칠이 지났는지 알 수 없었어. 언니와 조카 그리고 다른 친구들을 불러 봤는데 내 목소리는 벽에 부딪혀 다시 내게로 돌아왔어. 누가 이 상황을 설명이라도 좀 해 주었다면 좋았을 텐데 나는 꼼짝없이 갇힌 채로 무슨 일이 벌어질지 기다리고만 있어야 했어. 아니나 다를까, 내가 살던 물속과는 전혀 다른 세상에 툭 던져지게 되었지. 그곳은 다름 아닌 놀이동산의 수족관이었어. 내가 그동안 꿈을 꾸며 살고 있었던 건지, 이게 꿈인지 도무지 분간이 안 되었어. 그렇게 하루 이틀 사흘 나흘이 지나면서 내가 받아들여야 하는 현실임을 알게 되었지.

나는 자유롭게 바닷속을 헤엄치며 늘 신선한 먹이로 배를 채우곤 했어. 그러나 수족관에서는 식사 시간도 정해져 있었어. 그것도 늘 죽은 생선뿐이었지. 그거라도 먹지 않으면 내가 죽게 생겼으니 받아먹는 수밖에 없었어. 게다가 수족관은 얼마나 비좁은지 조금만 달려 나가도 곧 벽에 부딪히곤 했어. 살면서 터득했던 효율적이고 빠르게 이동하는 방법들은 수족관에선 아무 쓸모도 없었어. 자유롭게 움직이거나 무언가 선택할 수 있는 권리란 하나도 없었어. 내 삶은 이전과는 완전히 달라져 있었지.

아! 나 말고도 다른 돌고래가 둘 더 있었단다. 게다가 다른 수족관에는 흰 돌고래도 있었어. 사람들은 그를 벨루가라고 불렀지. 신비로운 모습이 매우 아름다워서인지 우리보다 더 특별한 대접을 받는 것 같았어. 아무것도 하지 않았지만 그래도 사람들의 눈은 똥그래지고 얼굴에는 활짝 웃음꽃이 피더라. 살아 있는 자체만으로도 그렇게 큰 기쁨을 줄 수 있다는 게 놀라웠어. 하긴 내 조카도 마찬가지였지. 무슨 실수를 하거나 짓궂은 장난을 쳐도 그렇게 사랑스러울 수가 없었는데… 언니는 어디서 무얼 하는지, 내 걱정을 하고 있지는 않을지, 조카는 내가 보고 싶다고 울지는 않을지, 별별 생각이 다 들었단다.

하지만 나에게는 그런 생각에 빠져 있을 시간도 별로 없었어. 우리에게는 조련사가 따라붙었거든. 사람들이 남방큰돌고래라고 부르는 우리들 셋은 새로운 묘기를 배워야 했어. 동시에 물속에서 튀어 오르거나, 점프해서 둥그런 후프를 통과하거나, 사람들이 우리를 만져 볼 수 있도록 가까이 다가가는 것도 배웠지. 그러면 사람들은 우리를 보며 환호했어. 나는 왜 이게 즐거운 일인지 이해하지 못했지만, 말했다시피 우리에게는 아무런 선택권이 없었어. 하라는 대로 해야지 그나마 목숨이라도 이어 갈 수 있었거든.

싫은 티도 내 보았지만 달라지는 건 없었고 오히려 나만 손해라는 걸 깨달았어. 어떤 날은 쫄쫄 굶기도 했고 조련사에게 혼나기도 했거든. 여기서 튀는 성격은 절대적으로 불리해. 그걸 한참 지나서야 알았어. 그런 시행착오를 겪고 나니 자포자기 심정이 되었지. 거기에 기쁨과 행복은 전혀 없었어. 그나마 우리 돌고래들끼리 서로를 걱정해 주고 의지하며 하루하루를 살아갔지.

수족관에서는 계절의 변화를 알 수 없었어. 그렇게 또 얼마나 세월이 흘렀는지, 어느 날엔가 우리 셋 중 하나가 물에 가라앉아 버리더구나. 숨을 쉬려면 물 밖으로 한 번씩 나가야 하는데 그러지 못했지. 나는 있는 힘껏 그 친구를 물 위로 띄워 보았지만 역부족이었어. 수족관에서 만났지만 오랜 시간을 함께 보낸 친구는 그렇게 세상을 떠나 버렸단다. 그날은 나도 종일 슬픔에 빠져 있었던 것 같아.

그 와중에 세상 밖에서는 무슨 일이 일어나고 있던 걸까? 수족관에서도 뭔가 분주한 변화가 일어나기 시작했어. 우리는 한동안 사람들을 위해 점프하는 등의 쇼도 하지 않았어. 공연을 보러 오는 사람도 없었어. 일정한 시간에 주는 먹이만 받아먹으며 지냈지. 그럼에도 몇몇 사람들은 웅성웅성거리며 걱정거리를 잔뜩 담은 얼굴로 우리를 보고 가곤 했어.

그러다 어느 날, 조련사가 우리에게 먹이를 주면서 말을 해 주더구나. 우리는 곧 바다로 돌아가게 될 거라고 말이야. 나는 또다시 이게 꿈인지 현실인지 혼란스러웠어. 내가 바다에서 살았던 적이 있었던가 싶을 정도로 너무 멀리 와 버렸다는 느낌이 들었거든. 그럼에도 가슴은 마구 뛰었지. 먼 기억 속에서나마 그 향기가 살아 움직이듯 내 심장을 자극했기 때문이야.

우리를 보고 싶어 하는 사람들은 여전히 있었지만, 점점 안쓰러워하는 사람도 늘기 시작했던 거야. 돌고래로서 자연스럽지 못한 삶을 사는 건 명백한 사실이었지. 보고 싶은 언니도 조카도 볼 수 없고, 영영 만날 수 없을지도 모른 채 사는 것도 고통이었지. 그 고통을 왜 하필 내가 겪어야 했는지 세상이 원망스럽기도 했어.

그건 나만의 고통이 아닐 거야. 나와 함께하던 돌고래 무리는 인간 사회보다 훨씬 친밀한 집단이기 때문이야. 우리는 마치 하나의 심장으로 살고 있는 공동체라고 할 수 있지. 내가 바다로 돌아오기까지 기나긴 세월이 지났지만 기억 속에 각인된 냄새에 나는 곧 익숙해졌어.

어떻든 나는 이렇게 다시 바다로 나오게 되었어. 내가 다시 스스로 먹이 활동을 할 수 있을지 걱정도 되었지만 바닷물에 내 몸이 잠기는 순간 모든 세포가 다시 살아나는 기분이었어. 누가 알려 주지 않아도 내 몸은 알아서 바닷속을 휘젓고 다닐 수 있게 되었지.

그러나 다시 돌아온 바다는 예전과 달랐어. 예전에는 볼 수 없었던 수많은 쓰레기들이 둥둥 떠다니고 있었어. 나도 먹이로 착각하고 삼켜 버린 게 한 양동이는 될 거야. 조심하면 좋겠지만 작은 물고기 무리와 뒤섞인 쓰레기들을 일일이 구분하는 게 쉽지만은 않지. 소화도 되지 않을 건 뻔해. 이런 상황이 더 길어지면 고통스럽게 아프다 죽을지도 모르겠어. 이게 어디서 온 것들인지 잘 알지 못하지만 바다 생명체들이 만들어 낸 게 아니라는 건 분명해 보여.

얼마 후 나는 운 좋게 다른 친구들 무리에 합류하게 되었어. 그런데도 여전히 사람들로부터 자유롭지 못한 것 같아. 왜냐하면 이렇게 먼 바다에까지 사람들이 우리를 보러 오거든. 큰 배를 타고 돌고래 관광을 하는 사람들이야. 엄청난 소음의 모터 소리를 내며 배가 움직일 때 우리의 생활은 모든 게 엉망이 되어 버려. 우리끼리 소통하는 방식에도 방해가 되고 몸이 다칠 수도 있지. 그래서 우리는 사람들을 피해 다니곤 해.

내일은 언니와 조카를 만날 수 있을 것 같아. 우리 무리 중 누군가가 소식을 알려 주었거든. 조카는 많이 자라서 나보다 더 날렵하게 세상을 누비고 다니겠지? 언니는 또 다른 아기를 낳았을까? 아! 내일이 정말 기다려져. 오늘밤에 난 행복한 꿈을 꿀 거야.

우리나라에서는 돌고래 포획을 금지하고 있습니다. 그러나 불법으로 포획하는 사람들은 평소 돌고래가 다니는 곳을 파악해 두었다가 의도적으로 그물을 놓아 우연히 잡힌 거라고 말합니다. 우연히 걸려든 고래는 유통과 판매가 가능하며 큰 수익을 얻을 수 있기 때문이에요. 그리고 몇몇 테마 파크에서는 돌고래를 불법으로 사들여 수족관에 가두었습니다. 하지만 수족관의 돌고래들은 오래 견디지 못하고 죽기도 합니다.

2013년에는 환경 단체와 동물 보호 단체를 중심으로 불법 포획된 돌고래 방사 운동이 펼쳐지기 시작했어요. 제주도 앞바다에 살고 있는 남방큰돌고래들은 2013년 '제돌이'를 시작으로 2017년까지 총 일곱 마리가 자연으로 돌아갔습니다. 그리고 2022년 10월 마지막 '비봉이'까지 방류되었어요. 그런데 비봉이에게 심어 둔 지피에스(GPS) 신호가 잡히지 않아 생사 확인이 안되고 있습니다.

2023년 기준으로 우리나라 다섯 곳의 수족관에는 아직도 21마리의 고래류가 감금되어 있습니다.

6 쫓는 사람들과 지키는 사람들
- 도시 개발과 길고양이의 삶

천둥이 치고 비가 내리던 밤이었어. 내 첫사랑이 곧 아기를 출산하려고 했지. 작년과 재작년에도 아기를 낳았으니 이번이 세 번째야. 사실 내겐 첫사랑 말고도 두 번째 사랑, 세 번째 사랑도 있어. 그들에게서도 내 아가들이 줄줄이 태어났으니 나는 이 동네 대부분 고양이들의 아빠라 할 수 있어. 동시에 엄연히 이 영역의 대장 고양이로서 품위를 잃지 않고 있단다.

그날은 봄비가 여러 날 장마처럼 쏟아지던 때라 상황이 썩 좋지 않았어. 그렇다고 이것저것 따지고 있을 때가 아니었어. 안절부절 못하는 건 내 위신을 떨어뜨리는 일이기도 하지만 나를 무한 신뢰하는 다른 고양이들에게도 좋은 본보기는 아니야. 그래서 천둥과 빗소리가 요란한 와중에도 아가들이 태어날 자리를 손보고 있었지.

방치된 컨테이너 구조물에서는 녹물이 뚝뚝 떨어지고 있었지만 아래쪽 땅과는 적당한 틈이 있어 거기를 비집고 들어가면 꽤 안락한 공간이 나와. 추위도 어느 정도는 피할 수 있어. 우리만의 비밀스러운 보금자리지. 겨울 동안 곳곳에 흩어진 낙엽들이 컨테이너 아래 틈에까지 쌓이고 있었어. 빗물도 흘러들어와 땅바닥은 차갑고 축축했지만 우리에게는 최선의 상황이니 이보다 더 좋을 수는 없을 거야.

내 아가들의 엄마는 들릴락 말락 힘든 숨소리를 내쉬고 있었어. 몸을 비스듬히 누이고 있었는데, 금방이라도 배를 박차고 뛰쳐나올 것처럼 아가들이 꼼물거리는 게 보였어. 이 녀석들은 나를 닮아 몸이 황금빛일까? 아니면 엄마를 닮아 희고 노랗고 검은 삼색이일까? 나는 너무도 궁금했지만 애써 태연한 척했어. 대신 다른 위험한 놈들이 근처에서 설치지는 않는지 걱정이 되었어. 그래서 컨테이너에 몸을 긁히며 밖으로 나와 봤지.

빗방울이 후두둑 내 이마에서 얼굴을 타고 흘러내렸어. 나는 한바탕 몸을 시원하게 털어 냈지. 내 움직임 말고는 아무 소리도 들리지 않는 깊고 깊은 밤이야. 낡은 주택들이 다닥다닥 붙어 있는 이 동네에서 태어나 살아온 지도 벌써 6, 7년은 된 것 같아. 그 동안에도 참 많은 일이 있었지. 우리를 도둑고양이라 부르며 못살

게 굴던 사람이 있었는데 내 무리 중 열댓 정도가 그에 의해 한꺼번에 목숨을 잃은 사건이 가장 큰 수난이었어. 단 하루 만에 우리 고양이들은 참혹하게 죽어 갔지. 쥐약을 탄 음식을 먹은 게 잘못이었어. 사람들의 눈을 피해 얼른 배를 채워야 해서 우리는 늘 허겁지겁 먹곤 했거든. 그날은 닭고기까지 넣은 음식이라 어느 누구도 유혹을 떨치기 힘들었을 거야. 생각하면 정말 괴로운 일이야.

또 언젠가는, 매서운 추위에 아가 고양이들이 첫 겨울을 넘기지 못하고 죽은 일도 있었어. 가슴은 아팠지만 그건 우리도 어쩔 수 없이 받아들여야 하는 일이었던 것 같아. 지나가던 오토바이에 치여 뒷다리를 쓰지 못하게 되거나, 알 수 없는 병에 걸려 시름시름 앓다가 떠나기도 했지. 내가 좀 더 이들을 안전하게 지킬 수 있는 방법은 무엇인지, 나는 단 하루도 이 책임감으로부터 자유롭지 못했어. 그래도 언제나 당당하고 의연한 모습을 보이는 게 내 역할이기도 해.

끝없이 이런저런 생각에 잠기나 했는데… 맞다! 우리 아가들이 태어나고 있지! 나는 화들짝 놀라 컨테이너 아래로 다시 들어가 보았어. 내가 생각에 빠져 있는 동안 벌써 둘이 태어나 엄마 품을 찾아 우왕좌왕하고 있었어. 내 털옷보다 훨씬 더 진한 황금빛

아가들이야! 곧이어 나오는 막내는 덩치가 가장 컸지만 왠지 몸동작이 좀 느린 게, 여유 만만한 미래가 벌써 보이는 듯도 해. 이 아가들에게는 어떠한 배고픔도, 혹독한 추위도, 사람들의 괴롭힘도 없기를 기도했어. 눈물이 핑 도는 것만 같았지. 내 바람만으로 세상이 움직이는 게 아니라는 걸 알지만 그래도 이 생명들의 대장으로 살아가고 있는 이상 모든 건 내 책임이니까.

우리에게는 그 어느 때보다 아름답고 화창한 봄날이 이어졌어. 두 달째로 접어들자 꼬물이 아가들은 어두운 컨테이너 아래에만 있지 않았지. 걸음도 어설픈데 주위를 살피며 나들이를 나가곤 했어. 세상에는 온갖 위험이 도사리고 있지만 아가들에게는 온통 푸른 봄밖에는 보이지 않았겠지. 그렇다고 나는 사사건건 간섭하는 성격이 아니야. 두 달 세 달 쑥쑥 잘 자라고 있는 모습을 지그시 바라보거나, 사냥한 먹이를 무심히 던져 주거나, 그 정도면 충분하다고 생각해.

어떤 친절한 사람들은 우리에게 주기적으로 사료를 챙겨 주기도 했어. 멀리서 그들의 발자국 소리만 들려도 우리는 금방 알았지. 마치 시간 약속을 한 것처럼 제때에 와 주었고 우리를 쓰다듬고 싶어 했어. 하지만 우리들 몸에는 야생의 피가 흐르고 있는 것 같아. 몸이 먼저 알아서 그들의 손길을 거부했어. 마음은 그게 아니데도 말이야. 그렇게 따뜻하고 친절한 사람들이 혹시라도 상처를 받을까 걱정도 되었어. 그럴 때면 멀리 앉은 채로 그들의 눈을 한참 바라보았지. 너무도 고맙다는 생각이 들었어. 내 입에서는 잘 나오지 않는 표현이라 어색했지만 사랑한다는 말도 가슴속에 머물고 있는 느낌이었어. 그러면 그 따뜻한 사람들은 내 마음을 이해했다는 듯 조용히 미소를 지어 보였지. 우리 관계에는 늘 이 정도의 거리가 있었어. 그게 가장 안전하고 적당한 거리라고 나는 생각했지.

그런데 오래된 그 마을에도 변화의 바람이 불기 시작했어. 재개발 구역으로 지정되었대. 사람들이 다른 곳으로 이사를 해야 한다는 거야. 사람들이 떠나는 건 사실 우리가 걱정할 일이 전혀 아니야. 친절한 사람들이 떠나면 그들이 주는 익숙한 사료를 먹지 못하겠지만, 우리는 혹독한 자연에서도 생존해 가는 방법을 알고 있거든. 어쩌면 교통사고나 독극물 같은 위험 요소도 다 사라지게 되니 우리에게는 더 안전한 삶이 펼쳐지지 않을까? 나는 그렇게 생각했지.

그런데 친절한 사람들의 생각은 그게 아니었나 봐. 마을을 허

물고 큰 아파트 단지를 짓는다면 우리가 오갈 데가 없을 거라 생각했나 봐. 벌써 우리의 보금자리였던 컨테이너 구조물도 어디론가 사라져 버렸어. 좀 당황하긴 했지. 마침내 그들은 우리 고양이들 전체를 이주시키기로 했어. 내 영역만 어림잡아도 고양이들이 서른 마리는 되는데 대혼란이 시작된 건 불 보듯 뻔한 일이지.

그날은 생전 처음 맛보는 황홀한 음식을 덥석 물었어. 꼼짝없이 포획틀이라는 상자에 갇히고 말았지. 미친 듯이 날뛰어 보아도 단단한 플라스틱 상자를 부술 수가 없었어. 경험이 적은 어린 고양이들은 더 많이 울었고 내 첫사랑도, 아가들도 서로를 애타게 불렀어. 모두 뿔뿔이 흩어진 채로 상자에 갇히고 만 거지. 쫑긋하던 귀도 두려움에 납작 엎드리고 동공마저 커졌어. 몸의 모든 털들마저 긴장해 잔뜩 부풀어 올랐지. 내가 혼란스러운 것보다 고양이들이 안전하기만을 바랐어. 그게 내 삶에서는 가장 중요한 문제였으니까, 언제든 어디서든 나는 그 걱정뿐이었지. 그렇게 우리는 어딘지도 모를 곳으로 옮겨지게 되었단다.

우리가 도착한 곳은 숲이 시작되는 작은 산비탈이야. 이전 마을에서 멀지는 않은 것 같아. 마을의 익숙한 냄새가 저 멀리에서 날아오는 것 같았거든. 덜컹거리며 달리던 차가 멈추었을 때는 이미 해가 지고 있었지. 포획틀을 덮었던 담요가 일제히 걷히자, 공포에 사로잡힌 고양이들이 서로의 모습을 확인했어. 내 아이들, 어린 고양이들의 엄마, 친구들이 모두 무사했어. 정말 다행이야! 하지만 이곳이 어디인지 누구도 알지 못했고 나 또한 아무런 설명을 해 줄 수 없었어. 다만 친절한 사람들이 상자의 문을 하나씩 열어 주며 여기서 잘 살라고 얘기해 주더구나. 나는 그게 무슨 의미인지 바로 알았어. 더 무거운 책임이 내 양 어깨 위를 짓누르는 것 같았어.

낯선 숲에 도착한 그날 밤, 우리는 어디에 보금자리를 만들어야 할지 늦도록 헤매고 다녀야 했어. 어디도 안전해 보이지 않았거든. 아니, 인적이 없었기 때문에 더 안전할지도 몰라. 하지만 우리에게 익숙하지 않은 곳이라 혼란스러웠어. 이전 마을의 냄새를 따라 다시 그곳으로 돌아갈까 생각도 해 보았지만 이렇게 큰 무리가 한꺼번에 이동하는 건 죽음을 각오해야 할지도 몰라. 나 혼자라면 괜찮을지도 모르지만 다른 고양이들을 위험에 빠뜨린다는 건 정말 상상도 하기 싫었거든.

그러다 낯선 고양이 하나가 턱 하고 내 앞에 나타났어. 이곳 영역의 터줏대감인가 봐. 진한 회색에 검은 줄무늬가 마치 호랑이

같기도 했어. 나보다 덩치는 작았지만 매서운 눈에는 내 기를 확 꺾겠다는 의지가 보였지. 이빨을 드러내며 어찌나 우리를 경계하던지…. 나는 싸울 생각이 하나도 없었어. 우선 조금이라도 마음 편한 곳에 자리를 잡고 싶은 생각만 간절했거든. 그런데 그 고양이는 그렇지 않았어. 자기네 영역을 침범한 걸 무척 경계했지. 나도 어쩔 수 없이 이곳에 오게 된 건데 말이야.

그 고양이는 굉장히 화가 난 목소리로 기선제압을 하며 내게 싸움을 걸었어. 나도 질 수 없어 더 큰 소리로 대들었지. 몇 차례 신경질적인 소리가 오고갔어. 팽팽한 긴장감이 맴돌며 우리는 서로를 극도로 경계했지. 한 발짝을 떼는데도 동작은 무척 느릴 수밖에 없었어. 상대의 심기를 건드렸다간 서로 피범벅이 될 게 뻔했으니까. 나는 하루 만에 일어난 우리 무리의 대이동에 무척 피곤한 상태였어. 그러나 나를 구세주처럼 바라보고 있는 우리 고양이들을 저버릴 수가 없었지. 어느 순간 줄무늬 고양이와 몸이 엉켜 서로를 물어뜯는 지경에까지 이르렀어. 덩치는 내가 컸지만 줄무늬 터줏대감은 극렬하게 나를 할퀴고 물어뜯었어. 내 머리가 찢겼는지 눈에도 피가 흘렀지. 상처는 무척 쓰라렸어. 눈도 따가웠어. 그런데 이 싸움에는 어느 누구도 합세하지 않았어. 내가 지면 나의 무리 모두가 지는 꼴이 될 거야. 그럴수록 나는 온 힘을 다했지. 그것은 어쩌면 안전한 영역을 확보하려는 나의 책임감일지도 몰라.

한참을 뒤엉켜 할퀴다 나무뿌리에 걸렸는지 우리는 분리되고 말았어. 또한 동시에 서로를 매섭게 응시했어. 그리고 조금씩 뒷걸음질 쳤지. 서로가 절대 만만한 상대가 아니라는 걸 동시에 느끼게 된 거야. 나를 겁쟁이라고 할지도 모르지만, 사실 그 고양이가 두렵기도 했어. 이만큼 사나운 고양이는 이전 마을에서도 본 적이 없었거든. 한편으로는 뭔지 모를 자신감이 생겼어. 그 고양이도 나를 두려워하는 눈빛이었거든. 우리는 말을 하지 않았지만 그런 생각들을 주고받았지.

한바탕 싸움판이 벌어진 그날 이후로 우리는 하루하루 그곳에 적응하기 시작했어. 언제 또 우리 무리를 공격해 올지 아무도 모르지만 우리가 할 수 있는 건 그날그날 사냥을 하며 목숨을 이어 가는 거야. 벌레도 잡아 본 적 없는 어린 아가들은 새 삶을 배워야 했어. 먹고살려면 벌레든 뭐든 사냥을 해야 하니까…. 처음에는 무척 힘들어 했지만 우리는 금방 적응할 거라 믿어.

다행인 건 우리 고양이들을 싫어하는 사람이 여기에는 없다는 거야. 사람들의 위협도, 독극물도, 교통사고도, 그런 위험 요소들은 모두 사라진 것 같아. 하지만 여전히 불안한 건, 언제든 우리를 이 산에서 내쫓으려는 다른 무리가 있다는 거지. 혹독한 새 삶이 시작된 셈이야. 내가 살아 있는 동안에는 되도록 평화롭게 지내려고 노력할 거야. 하지만 내가 떠나고 나면 우리 고양이들은 어떻게 될까? 그때까지만이라도 우리 무리가 안전하기만을 바라.

강아지와 달리 고양이들은 반려동물로 살다가 버려져도 대부분은 유기동물로 분류되지 않습니다. 품종묘라 불리는 몇몇 고양이들을 제외하고는 길 위에서 살아가는 동물로 인식하기 때문이에요. 따라서 사람들로부터 버림을 받은 고양이들은 도심이나 야생에 적응해 살아가야 합니다.

동물들에게 있어 특히 도시는 매우 위험한 요소로 가득합니다. 어떤 지역이 재개발 구역으로 지정되면 고양이들은 갈 곳이 없어지기도 해요. 교통사고도 흔하지만 더욱 힘든 건 사람들이 의도적으로 괴롭히는 일이에요. 고양이를 연쇄적으로 살해하며 이를 소셜 미디어에 게시하거나 독약 섞은 간식을 뿌리기도 합니다. 이는 길고양이에게 밥을 챙겨 주는 사람들과의 갈등 요소가 되기도 합니다.

서울시에서 처리하는 동물 사체 중 70퍼센트가 고양이입니다. 또 서울에서는 하루 평균 17마리의 고양이가 사고 등으로 죽습니다.

7 마차를 끄는 말의 화려한 과거
- 말의 안락사와 도축

벚꽃이 만발한 어느 봄날이었어. 유명한 꽃 축제장이야. 파란 하늘엔 구름 한 점 없고 꽃들은 하늘로 올라가려는 듯 한껏 부푼 얼굴로 피어나고 있었지. 사람들도 모두 웃는 얼굴로 화려한 나들이를 하고 있었어. 꽃이 지기 전에 어서 이 화창한 시간을 만끽하고 싶은 거지.

이곳에서 나는 마차를 끌어. 나를 조종하는 사람이 나의 주인이지. 그를 제외하고는 두 명 정도만 태울 수 있어. 영화에서 보면 더 큰 마차나 짐도 거뜬히 실어 나르는 말들이 종종 보이지만 나는 그 정도가 아니란다. 나는 경주마로 살다가 퇴역한 지 얼마 되지 않았거든. 나의 주인도 이 점을 충분히 알고 있지. 그래서 손님들에게 계속 "어른 만 원, 어린이 오천 원, 최대 두 명만 가능합니다!"라고 외치곤 해. 꽃이 다 떨어지기 전에 열심히 벌어야 해서 그의 목소리는 쩌렁쩌렁 울렸지. 고작해야 10여 분 정도밖에 안 되는 길인데 사람들은 행복한 얼굴로 마차를 타고 싶어 해. 이런 날, 나는 하루 종일 긴장을 해야 해.

겉으로는 내가 멀쩡하게 보일지 모르지만 실은 다쳐서 경주마 생활을 그만두어야 했어. 그땐 번개 같은 속도로 앞만 보고 달렸지. 내 몸 어디서 그런 힘이 나오는지 모르겠지만 바람을 가르며 달려 나가는 쾌감은 이루 말할 수 없었어. 은색 갈기와 꼬리의 찰랑찰랑한 털들은 빛이 나 눈이 부실 정도였어. 긴 속눈썹은 그늘을 만들어 줘 눈동자는 깊은 호수 같았고 걷는 자태는 그야말로 우아했지. 사람들은 나를 보며 아름다운 말이라고 칭찬을 아끼지 않았단다. 그곳 경마장에서는 '실버 윙스(Silver Wings)'라는 이름도 있었어. 은색 날개를 단 것처럼 빠르고 아름답게 달려서 그런 이름이 붙었을 거라 생각해.

그러나 내가 받은 사랑은 반드시 보답해야 한다는 조건이 있었던 것 같아. 좋은 성적을 거두는 것만이 내게 주어진 임무였으니 그걸 위해 사람들은 내게 좋은 음식을 먹이고, 시원한 빗질을 해 주고, 규칙적인 건강 관리도 해 주었던 거지. 그걸로 사람들은 돈을 벌었고, 내기에 돈을 건 사람들은 나를 열렬히 응원했던 거야. 그러다 어느 경기에서 나는 바닥에 나뒹굴고 말았어. 다른 말

과 엉키면서 경기는 처참한 상황이 돼 버렸지. 넘어지면서 다리뼈에 금이 갔고 내동댕이쳐진 몸은 바닥에 쓸려 피투성이가 되었어. 빛나는 은색 갈기는 흙먼지를 뒤집어썼고 몸의 통증은 이루 말할 수 없이 컸어. 누군가는 죽어 나갈지도 모르는 판에, 이기고 지는 걸 따질 때가 아니었어.

경주마로 산다는 것은 빠른 속도로 달리는 게 생명인데, 다리에 부상을 입었다는 건 그 생명이 끝났다는 것을 의미해. 사람들은 내 부상 같은 건 관심 없었어. 오직 이기고 지는 것만이 중요했어. 그제야 확실히 알게 되었지. 나는 그 자체로 소중한 생명이 아니었던 거야. 사람들의 유희를 위한 소모품에 지나지 않았던 거지.

우리 경주마들은 그렇게 다치고 나면 대부분은 치료도 받지 못하고 안락사를 당하거나 도축장으로 옮겨져. 사람들이 먹는 고기로 팔려 가거나 다른 동물들을 위한 사료로 쓰이기도 한대. 더 이상 우리를 먹여 살려야 할 이유가 사라지게 된 거지. 다친 걸 치료해 줄 수도 있지 않을까? 아니야, 얼마가 걸릴지 모르는 일에 시간과 돈을 투자한다는 것은 사람들의 계산법에 맞지 않는 일일 거야. 그러니 고급 사료를 먹이거나 갈기를 빗겨 주는 일도 더는 의미가 없는 거지.

다치지 않는다면 정말 운이 좋은 거겠지만 따져 보면 그 운도 얼마 가지 못하는 것 같아. 서너 살 정도가 되면 더 어린 말들의 속도를 이기지 못해 은퇴하는 경우가 대부분이거든. 이때도 절반이 훌쩍 넘는 말들은 도축장으로 가게 돼. 어린 나이에 고기로서 생을 마감하게 되는 셈이지.

그래도 사람들은 우리를 그냥 두는 법이 없어. 어떻게든 재활용을 하려고 하지. 달리거나 고기가 되지 않는 말들은 드라마나 영화 촬영에 쓰인대. 또는 취미 정도로 즐기는 승마장으로도 갈 수 있어.

이런 사실을 깨닫고 나는 한동안 심한 우울감에 사로잡혔어. 바람을 가르고 달리기는커녕 걷는 것조차 힘겨웠어. 나의 은색 털들도 빛을 잃어 가고, 눈엔 눈물이 고이기도 했어. 사람들의 오락을 위해서 혹독한 훈련을 견디고 열심히 달렸는데, 너무도 쉽게 생명을 빼앗고 이용한다는 게 이해가 되질 않았어. 세상에서 쓸모 있는 일이란, 오로지 인간을 위해 달리는 것밖에 없을까? 우리는 그런 목적으로만 살아야 하는 생명일까? 안타깝지만 사람들은 그렇게 생각하는 것 같아.

나는 다행히 심한 골절은 아니어서 안락사까지 당하지는 않았어. 그래도 아직까지 후유증이 좀 남은 건지 오른쪽 엉덩이부터 다리까지 늘 찌릿찌릿 불편하거든. 무거운 것을 짊어지거나 끌 힘도 부족해. 자신감 있게 머리를 들고 다닐 수도 없어. 내 마음은 슬픈 기억으로 가득 차 버렸지.

결국엔 나도 이렇게 관광지에서 사람들을 위해 마차를 끌게 된 거란다. 사람들은 행복하게 꽃마차를 타고 기분을 내고 싶어 해. 내가 그들을 잠시나마 행복하게 할 수 있다는 사실은 기쁘지만 이제는 몸이 잘 따라 주질 않는 것 같아.

어느 날은 어질어질 힘이 빠지더라. 하루 종일 땡볕에 서 있다 보니 온 세상이 하얀 안개가 가득한 것처럼 보였지. 오른쪽 다리가 후들후들 떨리기 시작했어. 나는 앞다리 뒷다리를 번갈아 움직여 보며 조금만 참자고 주문을 걸었지. 고작해야 10여 분 정도, 같은 길을 왔다 갔다 하면 끝나는 일이니까 말이야. 그러다 손님 둘을 태웠는데 결국 픽 쓰러지고 말았어. 놀란 사람들이 마차에서 내렸지. 나를 일으키려고 했지만 접힌 다리가 좀체 펴지질 않았어. 이제 세상은 안개가 아니라 칠흑같이 어두워 보였어. 내 옆의 사람들 목소리가 아주 멀리서 들리는 것 같았지. 물 한 모금만 마셔도 힘이 날 것 같았는데 아무도 내 마음을 알아주지 못했어.

시간이 얼마나 지났는지 몰라. 어쩌면 아주 잠깐이었을 수도 있어. 정신을 차리고 보니 손님들은 내가 불쌍해서 도저히 마차를 못 타겠대. 나는 그들에게 미안했어. 그때 주인은 아무 문제 없다며 내 등을 툭툭 쳤지. 정말 아무 일 아니라는 듯이 말이야. 결국 손님들은 돈을 돌려받고 떠나 버렸어.

그날, 일을 마치고 돌아오는 길에는 주인의 투덜대는 소리를 들어야 했어. 내가 건강하고 아름답게 보여야 사람들은 더 즐겁게 돈을 쓰게 될 텐데… 그게 아니었잖아.

다행인 것은 축제가 그리 길지는 않아 조금만 참으면 돼. 그러면 조금은 덜 북적이는 다른 관광지로 가게 될 거야. 그때는 마차가 아닌 한 사람 정도만 태우면 돼. 그런데 이렇게 하루하루 견뎌내며 살아갈 수 있는 걸 나는 축복으로 여겨야 하는 걸까.

경주마로 분류된 말들은 태어난 지 1~2년부터 훈련을 받고 경마장에서 달리게 됩니다. 그렇게 3~4년 정도를 달리고 이후에는 은퇴를 합니다. 사람 나이로는 12~16세 전후예요. 혈통과 성적이 우수한 말일수록 은퇴 시기가 빨라집니다. 부상 위험이 있는 경주에 내보내는 것보다 다른 용도로 활용하는 것이 이득이기 때문이지요.

경주마들은 매우 빠른 속도로 달리기 때문에 부상을 입는 경우가 흔합니다. 부상 후에는 치료 비용 등을 따져 더 이상 키울 가치가 없다고 판단되면 안락사시키거나 도축장에 보냅니다. 이 비율은 전체 경주마의 50퍼센트 정도를 차지해요.

나머지 50퍼센트는 영화나 드라마 등의 소품용, 관광지에서 마차를 끄는 용도, 번식을 위한 종마, 목장 등지에서 관상용으로 키우기도 합니다. 그러나 몸 상태를 고려하지 않고 혹사시키는 경우가 대부분이라 이 과정에서도 목숨을 잃는 말들이 많습니다.

개구리의 착각
- 기후변화와 개구리

올봄에도 어김없이 우리는 세상 밖으로 나왔어. 긴 겨울잠을 자고 꿈에서 깨어날 때의 기분은 말할 수 없이 상쾌했지. 따뜻한 세상으로 나가 신나게 모험을 즐길 생각에 무척 들떠 있었단다. 게으른 개구리들에게도 우리의 봄이 시작되었다고 기상나팔을 불었어.

우리가 일어나 활동을 시작하는 날을 사람들은 경칩이라고 부른대. 경칩 무렵은 세상의 모든 생명이 깨어나는 시기야. 그래도 사람들은 경칩 하면 우리를 가장 먼저 떠올리지. 어떻든 반가운 얘기야. 그런데 올해는 예상치도 못한 문제가 터져 버렸어.

겨우내 웅크리고 있던 몸이 슬슬 기지개를 켜며 일어난 것까지는 좋았지. 계곡 옆 웅덩이에 낙엽이 적당히 쌓여 있던 것도 완벽했어. 우리는 새봄을 반기며 가장 안락한 자리에 알을 낳았단다. 금방이라도 우리 귀여운 올챙이들이 엄마 아빠를 부르는 소리

미래 세대를 위한 동물권 이야기

가 들리는 것만 같았어. 요란한 봄날의 합창을 기대하며 한껏 들떠 있었지. 그런데 갑자기 칼바람이 불더니 세상이 겨울로 돌아간 것만 같았어. 계곡은 다시 얼음으로 뒤덮였어. 우리가 낳은 알들도 모조리 얼어 버렸지. 사랑스러운 올챙이들은 알에서 나와 보지도 못한 채 세상에서 사라져 버렸어.

사실 우리가 깨어난 날은 봄날이 아니었대. 처음엔 그게 무슨 소린가 했지. 봄이 와도 꽃샘추위는 있곤 했으니까 하루 이틀 좀 쌀쌀하다 말 거라고 생각했거든. 그런데 그 정도가 아니었던 거야. 경칩은 3월 5일 무렵인데 경칩이 되려면 두 달이나 남았다는 거야!

한겨울인데도 그렇게 따뜻할 수가 있었을까? 믿을 수 없을 정도로 봄 날씨 같아 우리 몸이 착각을 했던 거지. 우리에게도 달력과 시계가 있었다면 얼마나 좋았을까? 우리는 달력과 시계가 없어도 몸이 알아서 반응을 해 왔어. 날이 좀 따뜻해졌다고 해서 이걸 봄으로 착각했다는 것은 개구리들의 역사가 다시 쓰일 일인 거야. 가만 생각해 보니 작년에도, 재작년에도, 이런 비슷한 일들이 일어나곤 했던 것 같아. 따뜻한 날씨에 자연스럽게 반응하는 몸을 우리는 어쩔 수가 없어. 내가 태어나기 훨씬 오래전부터 있어

온 우리들의 습성이니까 나 하나가 바로 바꿀 수 있는 문제는 아닌 거지.

이렇게 되면 애써 낳은 알들이 얼어 버리는 것만으로 문제가 끝나지 않아. 우리는 기온에 굉장히 민감하기 때문에 오락가락하는 겨울 날씨에 살아남는다는 건 기적 같은 일이야. 어른 개구리들도 얼어 죽는 일은 다반사지. 낙엽 밑에 몸을 웅크려도 봤는데 겨울 칼바람이 낙엽까지 다 쓸어가 버리더라. 몸이 얼어서 폴짝폴짝 뛰는 것도 불가능한 일이었어. 엉금엉금 기어가는 것도 힘겨웠는데 간신히 친구를 찾아 같이 몸을 웅크리고 있었지.

이렇게 버티다 겨우 살아남는다 해도 식량은 또 어디서 구할 수 있을까? 이 한겨울에 식량이 어딘가에 있기나 할까? 어쩌다 우리처럼 착각해 깨어난 곤충을 찾는다면 모를까, 식량 구하는 일도 만만치는 않을 것 같아. 그러니 얼어 죽든 굶어 죽든 어떻게 해도 곧 죽게 된다는 것은 예정된 일이 될 테지. 나도 물론 죽고 싶지 않지만, 알에서 깨어나 보지도 못한 올챙이가 더 불쌍해. 내 친구와 형제 들과도 곧 이별해야 한다는 사실도 너무 슬퍼. 음… 그런데… 가만! 도대체 어쩌다 이 지경이 된 거지?

생각해 보니 우리의 식량이 되어 주는 곤충도, 우리가 뱀이나 다른 동물에게 먹히는 일도 옛날보다는 확실히 줄었어. 먹히는 일이 줄었다면 우리로서는 다행이라고 말할 수 있겠지. 하지만 세상에 생명으로 태어난 이상 먹고 먹히는 일은 자연스러운 일이잖아. 그런데 지금은 그런 자연스러움이 깨졌다는 얘기지. 자연스러움이 깨졌다는 말은 누군가에게 큰 고통이 된다는 뜻이야. 자연스러운 흐름이 깨지고 누군가가 고통을 받는 게 우리 개구리들만의 일은 아닐 거야.

세상의 모든 것은 서로 맞물려 돌아가. 먹이도 줄고, 천적도 줄고, 당연히 우리 개구리들도 확실히 줄었어. 여름밤이면 논밭에서 개굴개굴 단체로 합창을 하곤 했는데 그곳도 이제 우리에게는 안전한 땅이 아니야. 그 땅은 우리에게는 고향이었어. 그런데 그곳에까지 아파트 단지가 들어서고 흙이 아닌 아스팔트와 콘크리트가 뒤덮었어. 촉촉한 땅이 사라지니 당연히 우리도 갈 곳을 잃었지. 논밭이 남아 있더라도 잡초가 자라지 않게 하려고 약을 많이 뿌리는 것도 문제였지. 수확량이 늘어 사람들은 당분간 배불리 먹을 수는 있을 거야. 하지만 그건 멀리 생각하지 못하는 태도라고 생각해. 그 땅을 의지해 살던 수많은 생명이 한꺼번에 사라지게 되었으니까.

게다가 사람들은 우리보다 우리의 먹이를 더 싫어하지. 바로 모기 얘기야. 모기가 싫으니 죽이는 방법도 아주 많은 것 같아. 모기향을 피운다거나 전기가 흐르게 하지. 약을 뿌리기도 해. 그런데 약을 뿌리면 모기만 죽는 게 아니야. 우리만큼 아름답게 노래하는 귀뚜라미도 죽고 다른 풀벌레들, 눈으로 보기 힘든 미생물까지 다 죽이는 거야. 그곳은 결국 생명력이 사라지게 되지. 오로지 인간만 존재하는 곳이 아름다운 곳이라 할 수 있을까? 내 생각엔 모기를 열심히 죽이는 대신, 모기 유충을 먹는 우리를 좀 더 보호해 주면 훨씬 나을 것 같아. 우리가 사라지면 모기는 훨씬 기승을 부릴 것이고, 모기로 인해 인간은 여러 질병에 더 노출될 테니까.

사람들은 지능이 뛰어나다고 들었어. 그런데 나는 그 말에 동의할 수 없단다. 뛰어난 머리로 생태계를 망친다면 그게 누구를 위한 지능일까? 서로에게 친절하라고, 더불어 살자고 하면서 인간들끼리만 그렇게 살고 싶다는 얘기일까? 설마 그런 뜻은 아니라고 생각해. 서로에게 친절하듯이 우리에게도 따뜻한 마음을 가져 주면 좋겠어. 우리는 사람들로부터 멀리 살지 않아. 높은 산꼭대기나 바다 깊은 곳으로 들어갈 수 없어. 그러니 좋든 싫든 다

같이 잘 사는 방법을 생각해야 하지 않을까?

어떻든 우리는 당장 이 한겨울에 살아남을 방법을 찾아야 해. 겨울도 봄 날씨 같아서 꽃들도 아무 때나 피고, 우리 개구리들도 잠이 덜 깬 채로 세상에 나와 버렸으니 꼼짝없이 눈보라 속에 갇힌 셈이잖아. 꽃망울도 얼고 개구리알도 모두 얼어 버렸지. 우리는 몸이라도 얼지 않도록 서로를 부둥켜안고, 진짜 봄을 기다리는 수밖에 없을 것 같아.

개구리는 따뜻한 기온이 지속된 후 비가 내리면 겨울잠에서 깨어나 산란을 시작합니다. 낳은 알은 일주일 후에 올챙이가 되고 올챙이는 일정한 기간이 지나면 개구리가 되지요. 이 사이 기온이 일정하지 않고 갑자기 추워지면 알이나 올챙이 또는 개구리 들이 모두 얼어 죽게 됩니다.

개구리는 기후변화와 관련이 높은 동물이기 때문에 '기후변화 민감 지표종'으로 지정되어 있어요. 그런데 개구리의 산란 시기가 매년 빨라지고 있습니다. 그만큼 지구의 평균 기온이 계속 상승하고 있다는 뜻입니다.

세계자연보전연맹(IUCN)의 국제연구팀은 전 세계 양서류 8000여 종 가운데 40퍼센트가 기후변화에 따른 서식지 파괴,

질병 등으로 멸종 위기에 처해 있다고 밝혔어요. 양서류가 멸종하면 이들을 먹이로 삼는 동물들의 개체수도 줄어들기 때문에 생태계는 더욱 큰 혼란에 직면해 있으며 인류 또한 안전하지 않을 것이라 풀이됩니다.

9 꼬리 잘리는 새끼 돼지들
- 공장식 축산과 동물 질병

내가 태어난 곳은 나처럼 생긴 돼지들이 무척 많은 농장이야. 몇 천쯤 될까? 나와 함께 태어난 형제들은 서로 엄마의 냄새를 찾느라 몸이 이리 엉키게 되었지. 다 살아남기 위한 발버둥이었어.

　엄마는 몸을 이리저리 돌리지도 못하는 작은 틀에 갇혀 간신히 옆으로 누워만 있었어. 우리는 그 틈을 서로 비집고 엄마에게서 떨어지지 않으려고 애를 썼지. 그래도 엄마의 품속에서 자리를 잡으면 세상을 다 가진 것처럼 행복했어. 세상에 태어나 이렇게 달콤한 시간을 보내는 것이 믿을 수 없을 만큼 행복했지. 그런데 우리와는 다르게 생긴 동물도 있었어. 바로 사람들이었지. 그들이 우리를 관리하는 것 같았어. 마치 우리의 엄마인 듯 밥도 주고, 새끼 돼지들이 하루하루 잘 커 가고 있는지도 살펴보았단다. 고마운 마음이 들었어.

　태어난 지 3일째 되는 날이었지. 갑자기 나는 사람 손에 번쩍

미래 세대를 위한 동물권 이야기

들어 올려졌어. 그는 내 입을 강제로 벌리고 이빨을 잘랐어. "꽤
애액!" 나는 발버둥을 치며 울부짖었지. 그는 곧 내 뒷다리 두 개
를 꽉 잡았어. 물구나무를 선 것처럼 머리는 거꾸로 쏟아졌지. 이
번엔 내 꼬리를 잘랐어. "꽤액! 꽤액!" 너무 아파서 비명이 절로
나왔지. 우리에게 밥을 주는 고마운 사람이, 왜 이런 고통을 주는
지 이해할 수 없었어. 그런데 아무리 울어도 나를 도와주는 사람
이 없었어. 순식간이었지만 몸의 여기저기가 절단되는 느낌은 정
말 끔찍했어.

그건 나만 겪은 일이 아니야. 모든 새끼 돼지들이 거치는 통과
의례 같은 거래. 이곳에 사는 돼지들은 스트레스가 많아 서로를
물어뜯을 수 있다는 거야. 그래서 이빨과 꼬리를 미리 잘라 버리
는 거래. 게다가 나처럼 수컷으로 태어난 돼지들은 거세 과정까지
추가로 겪었어. 그 때문에 농장 전체가 떠나갈 듯 비명 소리로 가
득했지.

며칠 동안은 몸이 너무 아팠어. 사람들이 우리의 친구인지 적
인지 구분이 안 되었어. 그들은 도대체 우리에게 어떤 존재인지
무척 헷갈렸지. 알고 보니 이렇게 해야 나중에 고기로 팔릴 때 냄
새가 덜 난다고 하더라. 수컷은 번식도 못하는 데다, 고기에서 냄

새가 나게 되면 사람들이 돈을 못 번다고 했지. 그런 이유로 우리가 이런 일을 겪어야 하는 게 정말 억울했어. 그런데도 사람들은 너무나 능숙하게 일처리를 했어. 사실 그땐 아무 생각도 나질 않았어. 그럴 겨를도 없었지. 그때는 정말 내가 죽는 줄 알았거든.

우리의 시간은 너무 빨리 흘렀어. 엄마 품에서 자고, 엄마 젖을 더 먹고 싶었는데, 한 달도 안 되어 우린 헤어지게 되었지. 그러다 6개월 정도가 되면 고기로 팔려 간다고 했어. 우리에게 허락된 삶은 고작 6개월이 전부야. 그동안이라도 하고 싶은 것, 원 없이 해 보고 싶은 마음이 굴뚝같았지. 그러나 우리는 갇힌 몸이라 옴짝달싹도 하지 못했어. 때가 되면 먹고, 때가 되면 자고, 다시 일어나서 하루하루를 똑같이 반복하며 사는 거지. 그래서 사람들은 우리가 먹을 것만 밝히는 짐승이라고 생각하는 것 같아. 인간의 삶처럼 복잡하지는 않겠지만, 우리에게도 관계와 사회가 있는데 말이야.

그러다 때가 되면 어디론가 실려 가는 돼지들을 무수히 보곤 했어. 그들은 다시 돌아오지 않았어. 도축장으로 가는 거야. 그때는 밥도 굶어야 해. 도축되기 열두 시간 전에는 먹을 걸 금지해야 하는 게 규칙이라고 했어. 죽을 시간이 코앞에 다가온 돼지들에게 조금의 먹을 것마저 줄 수 없는 일일까? 사람도 열두 시간 동안 아무것도 먹지 않으면 목이 마르고 배가 고플 거야. 우리도 똑같아. 안타까웠지만 내가 그들을 위해 할 수 있는 일은 전혀 없었어. 하나둘 떠나가고, 다시 새로 태어나는 돼지들을 바라보는 게 내 일상의 전부였어. 내게도 언젠가 저런 날이 오겠지?

그러나 우리에게는 그 6개월조차 주어지지 않았어. 어느 날 우리 중 하나가 아프기 시작했거든. 제대로 서 있지도, 밥을 먹지도 못했어. 입에서는 침만 계속해서 흘러 나왔는데, 종일 주저앉아 힘겨운 호흡만 계속했지. 이후로 하얀 비닐 가운을 입은 사람들이 수시로 드나들었어. 무언가 심상치 않은 일이 일어난 것만 같아. 우리는 술렁술렁 도대체 무슨 일이 일어나고 있는 건지 다들 궁금해했지.

구제역이라고 했어. 우리 같은 동물들에겐 치명적인 질병이래. 이 농장에서 함께 살던 모든 돼지를 살처분해야 한대. 하나가 아프면 모두가 아플 수밖에 없다더라. 자유롭게 움직이지 못하는 비좁은 공간이라 그렇다는 거야. 그런데 시간을 오래 끌 수 없었는지 곧바로 일이 일어나고 말았지.

몸을 이리저리 뒤척이지도 못할 공간에 있던 우리는 한꺼번에 우르르 몰려나가게 되었어. 엄마도, 친구도, 엊그제 태어난 새끼 돼지 들까지 모조리 나가야 했지. 태어나 처음으로 바깥이라는 곳에 나가 보는 거야. 그 와중에도 아가들은 젖을 먹고 싶어 킁킁 거리며 엄마를 찾았지만 덩치 큰 다른 돼지들에게 밀려 길을 잃 기도 했지. 누구 하나 우리를 챙겨 주는 사람이 없었어. 평소에 밥 을 주는 사람도, 우리가 무럭무럭 자라고 있는지 확인하던 사람 도, 마치 우리와는 전혀 모르는 사이인 듯 행동했어. 결국 그들은 우리의 친구가 아니었던 거야.

사람들은 농장 옆 공터에 깊고 넓은 구덩이를 파 놓았더라. 커 다란 기계가 와서 순식간에 그 일을 해냈던 것 같아. 밖에서 우왕 좌왕 기계 소리가 들렸던 게 이거였구나 싶었지. 그리고 구덩이에 는 아주 널따랗게 비닐이 깔려 있었어. 엄마는 다른 돼지들 틈에 섞여 보이지 않았어. 서로의 몸에 얼굴이 눌렸고, 하마터면 나는 앞으로 고꾸라질 뻔했지. 그러다 정말로 쓰러졌어. 떠밀리는 돼지 들이 구덩이로 쏟아지기 시작했어. 우리에게는 낭떠러지 같은 구 덩이 속으로 서로의 몸이 철퍼덕 철퍼덕 겹쳐 쌓이기 시작했지. 나는 태어난 지 얼마 안 된 아기 돼지들과 함께 쏟아졌어. 모두들 꽥꽥 울기만 했어.

나는 병에 걸리지도 않았어. 도축장으로 끌려가게 될 운명이라는 것도 슬프지만, 이렇게 산 채로 땅에 묻혀야 하는 상황은 더더욱 고통스러워. 고작 6개월도 채 살아 보지 못하고 이렇게 떠나게 될 줄은 정말 몰랐어. 우리도 엄연한 생명인데, 살아 있는 채로 이렇게 땅속에 묻힌다는 건 끔찍한 고통이야.

위를 올려다보니 파란 하늘이 보였어. 태어나서 처음 보는 풍경이야. 너무도 아름다웠지. 구덩이 위에서 우리를 내려다보는 사람들도 보였어. 그들에게선 아무 표정도 느껴지지 않았어. 저만치 높은 구덩이 위로 탈출한다는 건 불가능해 보여. 나는 포기하는 심정이 되고 말았지.

계속해서 돼지 친구들이 겹겹이 쌓여 갔어. 내가 태어나던 때 엄마의 품이 천국 같았다면, 마지막 순간은 지옥 같은 고통 속에서 끝나 가고 있지. 이제 우리들 머리 위로, 몸 위로 축축한 흙이 덮이고 있어. 모두들 안녕….

돼지는 공장식 축산 시설에 갇혀 사는 대표적 동물 중 하나입니다. 이들은 태어난 지 3일 만에 이빨과 꼬리가 잘립니다. 이 과정에서 마취 등은 전혀 없어요. 수컷들은 거세 과정까지 거치며 축산 시설에는 울부짖는 소리가 가득하게 됩니다.

돼지들은 몸에 딱 맞게 제작된 스톨(stall)이라는 틀에서 먹고 자는 것을 반복해야 합니다. 움직임을 최소화해야 빨리 살을 찌우고 부드러운 고기가 되기 때문이에요. 스톨은 길이 2미터, 폭 60센티미터에 불과해 몸을 돌릴 수도 없습니다.

공장식 축산 시설에서는 동물들을 밀집 사육하기 때문에 질병이 생기면 빠르게 퍼질 수밖에 없습니다. 결국 정부에서는 한 마리라도 아픈 동물이 생기면 다른 동물들의 질병 유무와 상관없이 시설 내의 모든 동물을 살처분합니다. 동물들의 고통은 말할 수 없이 크며, 토양과 수질을 오염시켜 인간의 생활 영역에까지 영향을 미칩니다.

10 도로를 건너고 싶은데
- 고라니와 로드킬

내가 사는 곳은 풀과 나무가 가득하고, 작은 골짜기에 물이 흘러. 약간 경사진 산비탈에서 먹고 사느라 이곳이 세상의 전부인 줄 알았지. 그런데 조금 더 자라 보니 훨씬 더 넓은 세상이 있었어. 그곳은 바로 '인간'의 마을이었지.

내가 인간을 처음 보던 순간은 좀 충격이었어. 혼자서 여기저기 산속을 누비며 먹이를 찾고 있었는데 어느 순간 나와 전혀 다른 모습을 한 동물이 무언가를 하고 있는 거야. 나는 분홍색 진달래꽃이 가득한 나무 뒤에 숨어 그 모습을 관찰했지. 그는 하루 종일 땅을 파고 있었어. 우리가 땅을 헤집어 놓을 때는 먹이 활동을 할 때야. 그런데 그는 먹이를 찾는 것 같지도 않았어. 그저 땅을 뒤엎어 돌을 골라내고, 기다란 두둑과 고랑을 만들었지. 하루 종일 찾아내는 게 겨우 돌이야? 게다가 쓸데없다는 듯이 저만치 휙 던져 버리더라. 도대체 무얼 하고 있는 건지 알 수 없었어. 그러다

정성껏 쌓아 올린 흙더미 두둑에는 작은 풀을 심었지. 풀이라면 또 세상에 널려 있는데 왜 일부러 심고 있을까?

그날은 그의 활동이 궁금해 밤새 잠도 제대로 못 잘 지경이었어. 그가 나를 본다면 어떤 기분일지도 알 수 없었어. 우리는 서로 다르게 생겼으니까, 나를 보면 놀랄까? 신기하게 생각할까? 친구가 되고 싶어 할까? 호기심이 작동했지만 어쩐 일인지 나의 몸은 그로부터 멀리 있어야 한다고 느꼈던 것 같아. 몸과 마음이 따로 놀았던 거지. 아마 이건 본능일 거야. 내가 본능적으로 그에게 다가갈 수 없는 것처럼 아마 그도 나와 같지 않을까? 별별 생각이 다 들었어. 어쨌든 인간과 친해지기 전까지는 충분한 거리를 둬야 한다고 느꼈어.

다음 날 새벽, 나는 다시 그곳엘 가 보았지. 조심히, 사뿐사뿐, 평소보다 좀 더 느린 걸음으로 그곳에 갔어. 내 키보다 더 큰 진달래나무 뒤에 숨어 살폈지. 하루 만에 진달래나무에서는 연두색 새순이 나오고 있었어. 코끝에 꽃과 새순의 향기가 가득 밀려왔지. 머리 위로는 온갖 새들이 하루의 시작을 알리고 있었어. 그러나 나의 관심은 온통 인간의 활동에 가 있었어. 너무 이른 시간이었는지 그는 보이지 않았고 어제 쌓아 놓은 돌무더기며 흙 두둑과 고랑은 그대로였어. 두둑에 심은 풀은 생기를 얻은 듯 힘 있게 뿌리를 내리고 있었지. 다음 날도 그다음날도 그곳에 큰 변화는 보이지 않았어. 다만 해 질 녘이면 한 번씩 그가 뒷짐을 지고 나타나 어슬렁거리다 돌아갔어. 더 이상 새로울 게 없어 보여 나는 곧 그곳에 흥미를 잃고 말았지.

나는 결국 남쪽 산비탈 마을에서 방향을 바꿔 동쪽으로 가 보았단다. 내가 살던 숲에서 그리 멀지도 않은 곳이야. 늘 시끄러운 소리가 나는 곳이라 내키지 않았지만 나는 무언가 새로운 자극을 원했던 것 같아. 먹이를 구하는 일 말고는 딱히 할 일이 없었던 것도 있지.

그곳에 다다랐을 때, 나는 소음의 정체가 무엇인지 바로 알게 되었어. 직선으로 쭉 뻗은 길에 괴물처럼 요란한 소리를 내며 달리는 것들이 있었어. 자동차야. 내가 아무리 혼비백산 도망을 가도 그보다 더 빨리 달릴 수는 없을 것 같아. 어찌나 쌩쌩 달리는지, 그건 정말 놀라운 모습이었지.

이쪽과 저쪽 산은 원래 하나였던 것 같아. 그게 도로 때문에 뚝 끊긴 거지. 나는 도로를 건너 저쪽 산에도 가 보아야겠다는 생각이 들었어. 산비탈에서 내려오자 따뜻한 흙이 푹신하게 밟혔어. 겨울의 마른 풀들 사이로 세상은 온통 새로 태어나는 생명들로 가득했단다. 새싹이 올라오고 꽃들이 피기 시작한 거야. 나도 모르게 기분이 좋아졌지.

그런데 도로를 건너기도 전에 심장이 덜컥 내려앉았어. 바로 나의 친구가 그곳에 쓰러져 있었거든. 나보다 덩치가 큰 친구야. 늘 씩씩했지. 계곡에 물이 많아질 때면 그곳에서 첨벙첨벙 놀기를 좋아했어. 우리는 평화롭게 물속을 헤엄치며 반나절을 같이 보내기도 했어. 그랬던 친구가 도로 옆에 내동댕이쳐진 듯 누워 있었지.

나는 그의 옆으로 가 냄새를 맡아 보았어. 입에서는 피가 흐르고 있었고 호흡은 힘겨워 보였어. 누구 짓이지? 곧 직감적으로 차에 치였다는 것을 알게 되었어. 아직은 숨이 붙어 있었지만 얼마 가지 못하리라는 것도 알았어. 내가 할 수 있는 일은 아무것도 없었어. 속수무책 안타까운 마음으로 나는 서성이기만 했어. 저쪽 산으로 가 보고 싶은 마음이 싹 사라졌어. 자유롭게 이동할 수도 없이 옴짝달싹 못 하고 갇힌 몸이 된 기분이었어. 나의 호기심은 아무 짝에도 쓸모없는 거였구나, 비통한 마음이 되었지.

그 사이에 친구는 마지막 숨을 길게 내뱉고 세상을 떠났단다.

멀리 동쪽 하늘에서는 붉은 해가 뜨고 있었어. 세상을 떠난다는 것이 무엇을 의미하는지 나는 아직도 정확히 모르지만 심장 깊숙이 슬픔이 고이는 것 같았어. 나는 그만 발길을 돌려야 했지.

그날 이후로 나는 갑자기 어른이 되어 버린 기분이었어. 봄, 여름, 가을, 겨울, 그렇게 한 해를 보내고 다시 봄을 맞은 나로서는 고작 한 살밖에 안 된 어린 동물이겠지만 세상살이는 그렇게 녹록치 않았지. 우리가 다니는 곳곳에는 무수한 위험들이 도사리고 있었어. 생각해 보면, 겨울 동안만 해도 올무나 덫에 걸려 고통스럽게 죽어 간 친구들이 몇 있었지. 나는 그들이 어떤 상황을 겪었는지 자세히는 알지 못해. 내 눈으로 직접 보지 못한 일이라 믿기도 힘들었지. 그러나 자동차가 쌩쌩 달리던 도로에서 죽은 친구를 본 이후로는 두려움이 커졌어. 나도 언제 어디서 어떻게 죽을지 몰라. 죽으면 시원한 물속을 헤엄칠 수도 없겠지? 잔 나뭇가지를 먹거나 새로 난 풀을 뜯는 즐거움도 더 이상 없겠지?

내가 몸살을 앓는 동안 세상은 봄의 기운으로 꽉 차 있더구나. 숲속의 동물들, 식물들, 모든 생명들이 분주하게 움직였지. 덩달아 내 몸도 조금은 기력이 생긴 것 같아, 얼마간 잊고 있었던 사람들의 마을로 가 보았단다.

새벽의 고요함 속에 내 발자국 소리만 울려 퍼졌어. 그러나 역시 사람들은 보이지 않았어. 아마도 인간 세상은 우리와 시간이 좀 다른 것 같아. 해가 쨍쨍 나 있는 동안에 움직이는 걸 좋아한다는 걸 깨달았지. 내가 나무 뒤로 숨어야 할 일도 없어 좋았어.

그때 어디선가 매우 향기로운 냄새가 내 코를 자극했어. 그가 심어 놓은 풀이 무럭무럭 자라 있었던 거야! 깊은 숲에서는 보지 못한 싱싱한 풀이었어. 넓은 잎의 초록색 풀들이 가득했지. 나는 정신없이 뜯어 먹기 시작했어. 한참을 먹었는데도 여전히 그 넓은 땅에 가득한 음식이 황홀할 지경이었지. 내일도 모레도 아무 걱정 없이 풍족한 식사를 할 수 있겠구나! 나는 무척 행복했단다. 세상에는 기쁨과 슬픔, 고통이나 두려움, 이런 뜻하지 않은 선물까지 가득하다는 사실이 무척 놀라웠어.

내가 주로 활동하는 지역에서 사람의 마을까지는 그리 멀지 않아. 마음만 먹으면 언제든지 그 풀밭에 가 끼니를 해결할 수 있었지. 그래도 아무 때나 사람들 앞에 불쑥 나서고 싶지는 않았어. 어쩐 일인지 난 어두울 때 다니는 게 좋았거든. 사람들이 내게 어떤 직접적인 해를 가하지는 않았지만, 그들 사회에 우리가 공존한다는 것은 마치 꿈도 꿀 수 없는 일처럼 느껴지기도 했어.

그날도 행복한 식사를 하고 막 쉬려던 참이었어. 그런데 그가 다가오는 게 보였지. 순간 멍한 기분이 되어 그 자리에 우뚝 서 있기만 했어. 그와 나의 눈이 마주쳤어. 난 어떤 행동을 해야 할지 판단이 어려웠어. 갑작스러운 상황에 당황하고 말았지. 곧 그가 나를 향해 돌 하나를 집어 던졌고 나는 생각할 겨를도 없이 도망가야 한다는 것을 알았어. 무언가 단단히 화가 난 것처럼 소리를 치며 나를 내쫓는 손동작이었어.

나는 돌에 맞지는 않았어. 그래도 상당히 위협적이라 느꼈지. 억울한 기분도 들었단다. 내가 그를 좀 경계하기는 했지만, 그렇다고 돌을 던질 일은 아니잖아. 우리가 언젠가는 친구로 지낼 수도 있지 않을까 하는 막연한 기대감이 있었는데 그것마저도 싹 사라졌지. 그날은 내내 기분이 별로였어.

이후로 그곳은 높은 가시나무 울타리가 둘러졌더라. 뾰족뾰족 날카로운 가시나무에 찔리면 무척 아팠어. 눈이 찔릴 뻔도 했어. 울타리 너머에서 날아오는 풀냄새는 여전히 향기로웠지만 이제 그 땅은 더 이상 갈 수 없는 곳이 되었다는 뜻이야.

나는 그가 원하는 것이 무엇인지 깨달았단다. 나를 환영해 주는 이들은 나와 똑같이 생긴 가족이나 친구들 말고는 없었지. 인간의 세상, 그들의 마을, 그들이 산을 토막 내어 만든 도로에는 우리가 설 자리가 없어. 그들 세계에 발을 들였다가는 차에 치여 죽거나, 올무에 걸려 죽거나, 그도 아니면 산속에서 먹을 게 없어 죽어 가거나…. 다른 선택은 할 수 없을 거야.

그래서 나의 몸이 선뜻 그들의 마을 속으로 다가갈 수 없는 걸까? 하늘은 저렇게 넓은데, 점점 우리의 영역은 좁아지고 있다는 사실이 참으로 서글퍼.

고라니는 사슴과로서 우리나라의 야생에서는 멧돼지, 족제비, 다람쥐, 청설모 등과 함께 비교적 흔히 볼 수 있는 야생동물입니다. 전 세계의 고라니 중 90퍼센트가 한국에 서식하고 세계적으로는 멸종 위기 동물이에요.

환경부의 통계에 의하면, 고라니는 공식 사냥 허가를 통해 매년 16만 마리 이상이 포획됩니다. 그러나 사냥이 허가되지 않은 지역에서도 올무 등의 불법 도구를 써서 고라니를 포획하고 있습니다. 또한 로드킬로 죽는 개체는 1년에 약 3만 마리 정도예요. 집계가 안 된 사망 개체까지 추산하면 매년 20만 마리 정도가 죽는 것으로 보고 있습니다.

세계자연보전연맹은 우리나라에 멸종 위기 동물인 고라니 사냥의 허가를 중지하도록 요구합니다. 그러나 야산 인근의 주민들은 고라니로 인한 농작물 피해 때문에 민원을 계속 넣고 있습니다.

11 풀밭을 걷는 닭이 있다고?
- 산란계의 일생

나는 평생을 양계장에서 살아왔단다. 평생이라고 해 봐야 고작 2년이지만 하루하루가 너무 길어서 100년은 산 기분이야. 사람들은 우리를 '산란계(産卵鷄)'라고 불러. 알 낳는 닭이라는 뜻이지. 공장에서 알 찍어 내는 기계 이름 같지 않아? 이름도, 하는 일도, 마음에 들지 않지만 우리가 하는 일을 보면 딱 맞는 표현이기도 해. 여기서 그나마 편하게 살려면 불만을 갖지 말아야 한단다.

그런데 얼마 전부터 이상한 소문이 나돌기 시작했지 뭐야? 우리가 사는 이런 곳 말고도 세상에는 훨씬 넓은 공간과 발을 디딜 수 있는 땅이 있다는 거야! 땅이 뭐지? 풀밭에서 먹이를 찾아 돌아다닐 수도 있다니! 풀은 또 뭐야? 그곳에는 햇볕도 있고 바람도 분대. 나는 평생 그런 걸 본 적이 없어. 아무리 설명을 들어도 상상조차 안 되었지. 졸리면 잠도 자고, 부지런한 닭들은 아침 일찍 꼬끼오 하며 일어나 마음대로 움직일 수도 있대. 게다가 알을 낳으면 따뜻하게 품어서 병아리로 키울 수도 있다는 거야! 이게 무슨 뚱딴지같은 소리지?

우리는 도무지 그게 무슨 말인지 이해하지 못했어. 처음엔 신기하게 들었지만 아무리 생각해도 그런 일은 있을 수가 없는 거야. 말도 안 된다고 한마디씩 하니, 그 소문을 퍼뜨린 닭만 정신이 이상한 애가 되어 버렸지. 그 닭에겐 좀 미안하지만 우리에게도 그럴 만한 이유가 있단다.

먼저, 우리가 사는 곳은 몸을 제대로 움직일 수도 없이 좁은 곳이야. 몸을 움직였다간 배고파져서 사료만 축내게 되거든. 사료를 축내면 이곳 주인이 싫어해. 사실 많이 먹을 수도 없어. 많이 주지도 않으니까 말이야. 살아갈 만큼만 먹고 알만 많이 낳아 주면 돼. 많이 먹고 살을 찌우는 건 다른 닭들이 하는 일이래. 태어나서 한 달도 안 돼 고기로 팔려 가는 닭들 말이야. 그래도 우리는 이렇게 죽지 않고 살아 있어서 감사하다고 생각하는 애들도 있고, 이렇게 사느니 차라리 빨리 죽는 게 낫다고 말하는 애들도 있어. 이런 공간이 나도 편한 건 아니지만 불만을 가져 봤자 나만 고통스러우니 나는 차라리 포기하자는 쪽이야.

먹는 건 또 어떨까? 사료 말고는 다른 건 먹어 본 게 없어. 그래서 아무리 맛있는 음식 얘기를 해도 상상이 안 돼. 예를 들면 살아 있는 벌레 같은 것 말이야. 게다가 부리는 태어난 후 얼마 안 돼 잘려서 뭉툭해졌지. 우리끼리 서로 싸우다 죽을까 봐 그랬다는 거야. 죽으면 알을 낳을 수가 없으니까 말이야. 나 같은 닭들은 조용히 살았겠지만 가끔 불만이 많은 애들은 정말 난폭하게 화를 내기도 하거든. 그래서 너나 할 것 없이 똑같이 부리가 잘려 날개라도 활짝 펴 공격하고 싶지만 그런 건 꿈도 못 꿀 일이지. 서로 다닥다닥 붙어 있으니 날개를 펼 공간이 어디 있겠니? 날개는 애초에 몸에 딱 붙어 버린 느낌이야.

졸리면 잠을 잘 수 있다고? 그게 말이나 돼? 여기는 하루 종일 조명을 켜 놔서 매우 밝아. 당연히 알을 많이 낳도록 하는 방법이지. 그러니 우리가 1년에 낳는 알은 300개, 400개, 500개가 되기도 해. 아참! 여기는 모조리 암탉뿐이야. 알을 낳는 곳이니 당연하겠지? 태어나자마자 수평아리로 판명되면 그 자리에서 분쇄되어 사료로 쓰인대. 고기로 팔려 가는 닭들보다 더 빨리 생을 마감하다니, 이쪽 산란계 농장에서 수탉의 지위는 말할 수 없이 비참하단다.

나는 어쨌든 살아남기 위해 열심히 알을 낳았어. 세상에 쓸모 있는 닭으로 살고자 노력했지. 잠도 제대로 못 자고, 아침인지 저녁인지 구분조차 안 되는 곳이니 세월이 어떻게 흐르는지도 몰랐어. 사람들은 그 많은 알을 어디로 가져가는 걸까 궁금했지만 물어볼 수도 없었지. 다만 정신이 좀 이상한 애의 말로는 그걸 사람들이 먹는다고 했어. 이렇게 많은 알을? 세상에는 얼마나 많은 사람들이 살기에 끝없이 달걀을 먹는다는 거지? 그 애처럼 이상해지지 않으려면 정신을 똑바로 차리고 꼬박꼬박 알만 많이 낳아야겠다고 생각했어. 이게 나의 소명이라고 생각하며 말이지.

그런데 내 마음과는 달리 알 낳는 속도가 점점 느려졌어. 졸려도 정신을 똑바로 차리던 때가 있었는데 시도 때도 없이 피곤해. 아무리 쥐어짜듯 알을 낳으려 해도 속도는 예전 같지 않았지. 이제 나는 더 이상 쓸모 있는 닭으로 존재하지 않을 거야. 상상해 본 적도 없는 상황이 현실이 되었지. 결국 내게도 올 것이 왔구나, 라는 걸 직감했어.

그리고 열심히 살아온 시간들을 모두 내려놓았어. 그러자 이상한 얘기만 늘어놓던 닭의 얘기가 듣고 싶어지더구나. 이제 나의 운명은 어떻게 될 것인지, 그 친구의 의견이 궁금했어. 나는 정말 어떻게 될까? 그 어느 때보다도 차분하게, 그는 내가 겪어야 할 일들에 대해 설명하기 시작했지. 나는 밤새 그의 이야기를 듣느라 시간 가는 줄도 몰랐어. 아무리 들어도 이해가 되지 않던 말들이, 가슴 깊이 와닿는 느낌이었어.

얼마 후, 정말 친구의 말대로 나의 삶이 펼쳐지게 되었지. 더 정확하게 얘기하자면, 삶이 아닌 죽음이 펼쳐지게 된 거야.

나는 도계장으로 가는 트럭에 실렸어. 닭들을 도축하는 곳이 래. 나는 도축되어 고기로 팔려 간다고 했지. 나의 살은 질겨 이곳 사람들이 좋아하지도 않을 거래. 결국 다른 나라로 수출될 거래. 죽어서도 아무도 먹고 싶지 않은 고기로 남게 되다니…, 태어나 한 달 만에 죽는 닭들이 불쌍했는데 생각해 보니 나처럼 살아온 게 더 행복하다고 말할 수 없겠구나, 생각이 들었지. 트럭 뒤 짐칸 에 층층이 쌓아 올린 닭장이었지만 양계장을 벗어나 보는 건 처 음이야.

나처럼 늙어 제구실 못하는 닭들이 수도 없이 많았지. 세상에 는 햇볕과 바람이 있다더니 그게 사실이었어. 산도 있고 들도 있 었어. 잘린 부리에도 바람이 느껴졌지. 머리와 목, 듬성듬성 빠진 털들 사이로 바람이 스쳐 갔어. 평생 맡아 보지 못한 들의 냄새가 바람을 타고 날아왔어. 나는 비록 알은 제대로 낳을 수 없게 되었

미래 세대를 위한 동물권 이야기

지만 저 들에 산다면 다시 건강하고 행복해질 것만 같았지. 얼마나 아름다운 풍경인지…, 양계장 밖으로 이토록 행복한 세상이 있다니…, 아무도 내 말을 믿지 못할 거야. 어쩌면 그곳에 남은 그 친구만이 내 말을 믿어 주겠지?

전 세계의 닭고기 소비량은 한 해에 1억 톤 정도입니다. 2030년에는 육류 소비 중 닭을 비롯한 가금류가 차지하는 비중이 전체의 40퍼센트를 넘을 것이라는 전망도 나왔어요. 우리나라에서도 닭고기와 달걀 소비는 가파르게 증가하는 추세입니다.

고기로 팔리기 위한 닭은 태어난 지 한 달도 안 되어 도축되며, 알 낳는 용도로 키워지는 산란계는 2년 정도 알을 낳다 역시 도계장으로 가게 됩니다.

산란계는 알을 많이 낳는 것이 중요하므로 몸집을 키우는 데 초점이 맞춰지지 않아요. 대부분은 날개를 펴지도 못할 비좁은 환경에서 최소한의 사료만 먹고 지냅니다. 이런 환경에서는 닭들이 겪어야 할 스트레스가 크기 때문에 서로 쪼아 대지 않도록 태어나자마자 부리가 잘립니다. 그러나 수평아리는 이 과정도 없이 살아 있는 채로 분쇄되어 동물 사료로 쓰이게 됩니다.

12 힘없는 호랑이
- 호랑이 길들이기와 동물 학대

나는 매일 많은 사람들을 만나. 아침 아홉 시가 되면 어른과 아이, 단체로 오는 학생들과 사랑하는 남녀, 친구들끼리 몰려와서 나에게 손을 흔들지. 맞아, 여기는 동물원이야.

내가 사람들을 만나더라도 하는 일은 별로 없어. 그저 시멘트 바닥과 가짜 나무가 세워진 우리 안에 조용히 있으면 되는 거야. 내가 조금만 과격하게 움직여도 사람들이 무척 놀라거든. 사람들을 놀라게 하지 않도록 나는 훈련을 받았어. 어떤 상황이 와도 별 반응을 하지 않으면 돼. 그것만으로도 충분하대. 사람들은 나의 야생성이 아닌 줄무늬 몸과 느린 걸음, 강렬한 눈빛만 보고 싶어 하니까 말이야.

그런데 또 가끔은 나의 용맹스러운 모습이 보고 싶대. 참 이상하지? 이랬다저랬다 하는 사람들의 습성이 처음엔 좀 이해가 안 되었어. 그래도 나는 어차피 훈련에 익숙한 몸이라 이런 것쯤은

식은 죽 먹기란다. 그들이 보고 싶어 하는 것에만 맞추어 움직이도록 되어 있지. 그러니까 예를 들어, 조련사가 날고기를 던져 주면 그때는 무척 격하게 반응해야 해. 얌전히 받아먹으면 사람들이 재미없어 하거든. 날카로운 이빨로 고기를 찢어 우걱우걱 먹는 모습만으로도 사람들은 환호를 해. 식사가 끝나고 나면 아무 일 없었다는 듯 조용히 어슬렁거리기만 하면 되지.

어느 날인가, 한 소녀가 먹을 걸 던져 주었어. 나는 음식 앞에서 격하게 반응해야 한다고 훈련받아서 높이 뛰어올라 그걸 잡았지. 소녀에게 뛰어가 고맙다고 말하려 했어. 그런데 사람들이 놀라 뒤로 물러서더구나. 웅성웅성 난리가 났지. 소녀는 곧 울음보를 터뜨리고 말았어. 그 뒤로는 우리에게 먹을 것을 던지지 말라는 규칙이 생겼단다.

사람들이 돌아가면 잠을 자며 다시 내일을 준비해. 이렇게만 얘기하면 나의 일상에 어려움은 없을 것 같지? 그런데 사실은 그렇지 않아. 내게도 본성이라는 게 있거든. 나는 경험해 본 적이 없지만 깊은 산속을 누비며 다채로운 사냥을 하고 싶기도 해. 나의 혈관을 타고 흐르는 그런 힘을 느껴. 그러나 이곳에서 그런 힘은 아무 짝에도 쓸모없어. 말했지만, 사람들은 나의 힘을 두려워하

미래 세대를 위한 동물권 이야기

니까….

　이곳에 오기 전에는 다른 나라에서 살았어. 어디가 더 나은지 묻는 건 의미가 없어. 나에겐 여기나 저기나 감옥과 다를 바가 없거든. 내 뜻대로 움직이지 못하고 아무 데도 가지 못한다면 그게 감옥이지. 그래도 먹을 거 다 준다고 좋아할 사람은 없겠지? 나도 마찬가지야. 감옥 밖의 삶이라면 모를까, 내가 선택할 수 없는 삶은 고통일 뿐이야. 나처럼 심장을 가진 생명체라면 말이지.

　그 나라에서는 정신이 몽롱한 채로만 살았어. 사실 기억도 가물가물해. 아주 어릴 적을 떠올리자면, 그때만 유일하게 호랑이의 습성이 다 드러났던 것 같아. 날카로운 이빨도 드러내고, 화가 나면 발톱을 세우기도 했어. 세상 두려울 것도 없이 다 내가 지배할 수 있을 것 같았지.

　그런데 이상하게도 그런 모습을 보일 때마다 사람들이 내게 무언가를 먹였어. 그걸 먹고 나면 온몸에서 힘이 다 빠져나가는 것 같았어. 눈꺼풀도 무거워졌지. 그러다 정신을 잃고 잠을 자. 잠에서 깨어나더라도 흐리멍덩한 머릿속은 안개가 낀 것처럼 무거웠어. 당연히 이빨을 드러낼 수도 없게 되고 발톱을 세울 힘도 없어. 만사가 귀찮아지지. 바닥에 철퍼덕 널브러져 있는 게 내가 할 수 있는 최선이었어.

그런 상태가 되면 내가 차고 있던 족쇄도 풀어 주더라. 그때는 관광객들도 내게 다가왔는데 모두들 비슷한 자세로 나와 사진을 찍었어. 몸이 천근만근이라 그들이 손이나 꼬리를 잡아도 반응할 힘이 없게 돼. 팔다리가 축 늘어져 있는데 사람들은 좋아만 했지. 가끔은 머리 세울 힘조차 없어. 정말 몸 상태는 최악이지. 그 정도가 되면 사람들은 또 호랑이가 너무 힘이 없다고 투덜댔어. 힘이 넘쳐도 안 되고, 모자라도 안 되고, 그들이 딱 원하는 수준에 맞추는 게 어려웠지. 그래도 하루 이틀 날이 가면서 그런 생활에도 그러려니 했어. 약에 취해 살다가 결국은 신경계가 다 망가지게 되었지.

그러다 어느 날인가, 깜깜한 철창에 갇혀 하루 종일 어디론가 이동하는가 싶었지. 와서 보니 전혀 다른 사람들, 다른 기후, 다른 환경이야. 다행히 여기서는 약을 먹이지 않는 것 같았어. 힘없이 늘어지는 기분은 덜했거든.

거기도 여기도 다르지 않은 건, 그저 사람들이 보고 싶어 하는 모습을 보여 주어야 한다는 거야. 그 사람들은 돈을 내기 때문에 그 값만큼 해 주길 바라는 거지. 그걸 우리가 하고 있는 거야.

힘들게 몸을 쓰는 노동은 아니지만 우리의 삶 전체를 이곳에 바치고 있는 셈이야. 그렇다면 우리도 대가를 받아야 하는 게 아닐까? 먹여 주고 재워 주는 것만으로 충분하다고? 그렇게 말하는 사람이 있다면 분명 감옥 생활을 동경하는 걸 거야.

나는 어떤 대가를 받고 싶은 생각은 하나도 없어. 대가라고 하는 것도 사람들 입장에서만 생각하기 쉽지. 최저 임금을 적용해서 하루에 얼마, 한 달에 얼마, 하는 식으로 말이야. 설마 우리가 그런 방식을 원할 거라고 생각하지는 않겠지?

맞아, 우리는 단지 자유를 원해. 이 땅이, 이 지구가 얼마나 넓은지 우리는 본능적으로 잘 알지. 그곳을 다 누빌 수는 없더라도 원할 때 일어나고, 사냥하고, 먹고, 다시 휴식하고, 이 정도면 우린 충분해. 내가 너무 욕심 많은 호랑이라고 설마 비웃을 사람은 없겠지?

우리보다는 인간이 얼마나 더 탐욕스러운지, 그걸 모르는 이는 없을 거야. 사람들이 보고 싶어 한다고 다른 동물들을 가두고, 약을 먹이고, 학대하고, 그걸로 돈을 벌지. 더 많은 생명을 지배할 수 있을 거라 착각하기도 하지. 그래서 종(種)을 없애거나 다른 종과 강제로 교배시켜 생태계에 혼란을 주기도 해.

인간은 지적 능력까지 잘 갖추고 있다는데 왜 이런 세상을 만들어 갈까? 세상을 자유롭고 평화롭게 만드는 게 지적인 인간들이 할 수 있는 더 위대한 일이 아닐까?

호랑이는 전 세계적으로 10대 멸종 위기 동물로 분류되어 있습니다. 우리나라에서는 1920년대에 이미 멸종되었고 이후 호랑이를 볼 수 있는 곳은 동물원밖에 없지요. 이들은 중국이나 동남아 등지에서 수입해 들여온 개체입니다.

호랑이는 더 이상 야생 동물이 아니라고 보아도 무방합니다. 중국에서는 호랑이를 보호한다는 명목으로 농장에 가두어 키우고, 동남아 등의 관광지에서는 호랑이 구경이 쉽도록 순하게 길들입니다. 길들이는 과정에서는 인간이 두려운 존재라는 것을 인식시켜야 하기 때문에 심한 학대가 동반됩니다.

이 과정에서도 길들여지지 않는 호랑이들에게는 수면제 등을 먹이기도 합니다. 때문에 동물원의 호랑이들은 대부분 약에 취해 힘 없이 축 늘어져 있습니다. 이때 관광객들은 호랑이와 사진을 찍기도 합니다.

13 도토리를 양보해 주세요
- 다람쥐의 먹이 활동과 숲 생태계

해가 잘 들고, 여름이면 선선하고, 깊은 산에서 내려오는 물소리가 항상 맑은 곳, 이곳이 바로 내가 사는 곳이야. 나는 더 바랄 게 없었어. 사람들이 오기 전까지는 말이지.

어느 날부턴가, 가장 양지바른 산비탈의 나무들이 모조리 잘려 나가는 것을 보았어. 내가 수시로 오르락내리락 하루를 보내던 나무들이야. 그들에게도 정이 들어서인지 하루아침에 소중한 친구를 잃은 기분이었어. 굉음을 내는 기계가 순식간에 그들을 쓰러뜨렸지. 그 커다란 나무들이 힘없이 넘어질 때는 어찌나 마음이 아프던지…. 그렇게 죽어 가는 나무들을 껴안고 울고만 싶었단다.

많은 사람들이 분주하게 오가더니, 한 해도 지나지 않아 아주 근사한 건물 세 채가 생겼어. 사실 내게는 그리 근사해 보이진 않아. 네모반듯하고 반짝이는 유리가 아무리 덧대어 있어도 나의 숲에 비하면 아무것도 아니야. 그런데도 그곳에 오는 사람들은 우와! 감탄사를 연발하더라.

나는 여러 날에 걸쳐 그곳을 살펴봤어. 앞마당 뒷마당 두루두루 다니며 낯선 공간에 익숙해지려고 노력했지. 그곳은 중년 부부가 관리를 맡아 지내는, 어떤 회사의 별장 같은 곳이었지. 그래서 주말이면 한꺼번에 열댓 명이 차를 끌고 올라왔어. 밤이면 다들 별장 마당에 나와 고기를 구워. 웃는 사람들 머리 위로는 쏟아질 듯 별들도 많았어. 고기 굽는 냄새가 온 산을 뒤덮었고, 고기 타는 연기는 밤하늘로 올라갔어.

어느 날엔가는 커다란 개 한 마리가 차에 실려 왔어. 그를 위한 훌륭한 집도 한 채 더 생겼지. 그러나 개는 길지도 않은 줄에 묶여 사는 신세가 되었어. 그가 처음 나를 보고 컹컹 짖었을 때, 나는 무서워서 심장이 다 멎는 줄 알았지 뭐야? 그런데 꼼짝없이 묶인 몸이라는 걸 알고 나니 더 이상 두렵지 않았어. 적당한 거리를 두기만 하면 아무 문제 없어. 오히려 나는 겁 없이 그의 앞으로 왔다 갔다 하며 내 자유를 뽐내기도 했지. 개는 약이 올라 나를 보면 더 짖어. 그러면 관리인 아저씨가 나와 개를 보고 소리치지. 개는 바로 주눅이 들어 아무 소리도 하지 못해. 나는 이런 상황을 즐기기도 했지만 한편 개가 불쌍하기도 했어. 그래서 내 자유는 적당히만 뽐내기로 했어.

산비탈을 타고 차가 올라오려면 길도 좋아야 하나 봐. 예전에는 없던 포장도로가 저 아래 강변까지 나 있는 것도 보았지. 그래선지 이 근처를 지나는 여행객들도 길을 타고 이곳까지 올라오는 상황이 되었어. 그들은 대체로 울긋불긋 화려한 옷을 입고, 등에는 먹을 것도 잔뜩 짊어지고 다녀. 그들이 머물고 간 자리에는 온갖 음식쓰레기가 넘쳐 났어. 어떤 것들은 썩어 없어지기도 했지만 짜디짠 라면 국물 때문에 풀과 나무가 죽어 가기도 했어.

그래도 사람들은 나를 보면 귀엽다고 환호를 해. 내가 처음 그 소리를 들었을 때는, 산에서 들어 온 그 어떤 소리보다 커서 화들짝 놀라 도망가기 바빴지. 그런데 그것도 익숙해져서 지금은 아무렇지도 않아. 다만 사람들 곁으로 너무 가까이 가면 나보다 백배는 더 큰 덩치가 나를 해칠지도 모르니까 항상 조심해야 한다는 생각은 있어. 누구에게든 거리를 두는 습관이 생겼지.

어떤 사람들은 메고 온 가방 안에 도토리를 가득 주워 가기도 했어. 우리가 먹어 오던 음식을 모조리 **빼앗기니** 쫄쫄 굶는 다람쥐도 많이 생기게 되었지. 그걸 눈 뜨고 지켜볼 수만은 없었어. 그래서 사람들에게 빼앗기지 않으려고 더 열심히 도토리를 주웠지.
곧 나만의 비밀 장소를 물색했어. 사람들 눈에 띄지 않는 곳이어
야 하지. 사람들은 도토리를 얻으려고 땅을 파지는 않는 것 같아
나는 주로 땅속에 감추었어. 마른 나뭇잎으로 살짝 덮어 두면 아
무도 몰라.

그런데 또 문제가 생겼어. 내가 숨겨 놓은 도토리가 어디에 있
는지 나도 헷갈릴 때가 있었어. 겨울잠을 자고 나면 도토리들은
싹을 틔우곤 했지. 봄이 되면 한 움큼씩 도토리 싹이 올라오는 걸
보고서야, 여기도 내 비밀 장소였구나 하는 걸 알았어. 내 비상식
량은 사라졌지만 풍성하게 올라온 연두색 잎들은 너무도 예뻤어.

별장 마당에는 평소에 먹어 보지 못한 것들이 널리기도 했어.
해가 쨍쨍 나면 관리인 부부는 호박이며 땅콩을 말리기도 했어.
이것들은 내게 또 다른 미식 세계였지. 개가 나를 보고 맹렬하게
짖었지만 나는 아랑곳하지 않고 신나게 땅콩을 먹었어. 도토리보
다 더 맛있었어. 먹고 또 먹고 양 볼에도 잔뜩 숨겼지.

그런데 그게 문제였나 봐. 그들의 음식을 훔쳐 먹었다고 아저
씨가 쥐덫을 놓기 시작했거든. 나는 다행히 피해 갔지만 덫에 걸
린 다람쥐들은 영문을 모른 채 죽어야만 했지. 다람쥐를 잡으면

아저씨는 땅을 파고 그대로 묻어 버려. 몸부림을 친다면 어떻게든 땅을 뚫고 올라올 수도 있을 것 같은데 무거운 돌을 얹으면 어찌할 도리가 없지.

내가 그 끔찍한 장면을 목격하고 나서부터는 예전에 없던 두려움이 생겼어. 사람들이란 우리에게 다정한 존재들이 아니라는 사실이야. 개의 마음도 조금은 이해가 되어 그가 안쓰럽기도 했지. 나보다 그가 더 불쌍하기도 했어. 평생을 저렇게 묶여 있어야 한다는 건 정말 큰 고통일 거라는 생각이 들었어.

나는 이제 이곳을 떠나 조금 더 깊은 숲으로 가야 할 것 같아. 사람이 찾지 않는 곳으로 말이야. 그래 봤자 이 숲의 품을 벗어날 수는 없을 거야. 가끔은 사람들을 관찰하고, 그들에게 귀엽다는 소리를 듣는 것도 좋았어. 개가 나를 보고 짖는 것도 지쳐서, 어느 날은 그냥 멀뚱히 나를 지켜보는 것도 즐거운 시간이었어. 그날은 우리도 친구가 된 기분이었지. 그런데 이 모든 것을 뒤로해야 하는 시간이 온 거야. 깊은 숲에서는 더 이상 베어지는 나무도, 사람들의 짠 음식쓰레기도, 쥐덫에 죽어 가는 다람쥐들도 없기를 바랄 뿐이야.

다람쥐는 가을에 식량을 나무 구멍이나 땅에 묻어 저장합니다. 추운 겨울을 나야 하니까요. 특히 우리나라에서는 도토리가 다람쥐들의 중요한 식량이 됩니다. 도토리를 땅에 묻으면 자연스럽게 씨앗이 확산되지요. 그만큼 다람쥐는 우리 숲 생태계에 중요한 역할을 하는 동물이에요.

그런데 사람들이 숲을 개발하면서 다람쥐의 영역은 점점 좁아지고 있어요. 서식지에는 건물을 세우고 깊은 산속까지 등산로를 만들기도 합니다. 등산객들이 버리는 라면 국물 등의 짠 음식은 산에 사는 많은 동식물에게 해가 됩니다. 산의 물줄기를 따라 흘러가면 깨끗한 물속에서만 사는 수생 곤충과 어류, 양서류에게도 위협이 됩니다.

게다가 비상식량인 도토리까지 주워 가면 다람쥐들은 겨울을 나지 못하는 경우가 생길 수도 있어요. 다람쥐가 사람들에게 큰 피해를 주지 않는데도 어떤 이들은 덫을 놓아 잡기도 합니다.

14 초록뱀 탈출기
- 파충류 반려동물 그리고 땅꾼

내게는 이름이 있었어. 초록이야. 내 몸 색깔이 초록이라서 그런 이름이 생긴 것 같아. 초록색에 푸른 반점이 듬성듬성 있는데 내가 봐도 너무 아름다웠지.

나를 애지중지 키운 사람은 중학교에 다니는 태윤이라고 해. 엄마는 아침마다 태윤이 이름을 부르며 빨리 학교 갈 준비하라고 다그쳤지. 그래서 수도 없이 들은 이름이야. 반면, 태윤이는 내 이름을 그렇게 많이 부르지는 않았지만 그래도 처음 이름을 지어 줄 때는 몇 날 며칠을 고심하다가 결국 초록이라고 부르더라. 자기가 지어 놓고도 무척 마음에 들었는지 싱글벙글하던 모습이 아직도 눈에 선해.

그런데 우리는 얼마 지나지 않아 영영 헤어지게 되었어. 땡볕에 온 세상이 더운 날, 내 몸은 스르륵 방문과 현관문을 지나 밖으로 나가게 되었지. 그때부터 내 삶은 완전히 바뀌어 버린 것 같

아. 어딜 가나 마주치는 사람들이 나를 보며 기겁을 했지. 처음엔 태윤이 목소리처럼 꺄아악! 나를 반기는 환호성인 줄 알았는데 그게 아니었어. 그런 비명은 어디서도 들어 본 적이 없어. 내가 더 놀라 정신없이 우왕좌왕, 나는 어디로 가고 있는지도 몰랐지.

나는 그게 이별인 줄 몰랐어. 태윤이가 싫지는 않았지만, 내가 꼭 다시 돌아가야 하는지 의문이 들었지. 생각해 보니 태윤이는 자기가 내킬 때만 내게 음식을 주었어. 그 때문에 어떤 날은 쫄쫄 굶고 물 한 방울도 못 마셨지. 가족들끼리 여행을 간 날이면 더 오랫동안 굶기도 했어. 그렇다고 내가 죽을 정도는 아니었으니까 그쯤이야 뭐… 괜찮아. 대신 내 몸은 윤기 나는 초록이 아니라 하얗게 바랜 것처럼 색이 변하기도 했어. 가끔은 친구들을 데려와 나를 구경시켜 주기도 했고, 신기해하는 친구들에게 으쓱한 기분으로 나를 만져 보라며 귀찮게 하기도 했지.

그래도 한 번씩 기분이 좋을 때면 다정하게 내 이름을 불러 주던 게 생각나. 이렇게 헤어지게 된 건 좀 아쉽지만 어쩔 수 없는 나의 운명이라는 생각도 들어. 태윤이는 내 걱정을 할까? 친구들에게 자랑거리가 없어졌으니 시무룩하지 않을까? 어쩌면 태윤이는 나보다 더 예쁜 뱀을 사 달라고 엄마를 조를지도 몰라. 그 뱀에게도 이름을 지어 주겠지? 나는 태윤이가 보고 싶기도 했고 걱정도 되었어.

한참을 가다 보니 어디가 어딘지도 모르게 멀리 와 버린 기분이었어. 다시는 집으로 돌아갈 수 없게 된 거야. 이제부터는 나 혼자 살아가야 한다는 생각이 들었지. 조금은 두렵기도 했지만 왠지 모르게 설레기도 했어. 전에는 경험하지 못한 다채로운 빛깔들이 가득했거든. 산을 깎아 만든 공원에 호수도 있었어. 사람들의 왕래가 있기는 했지만, 내 몸을 숨기기에 최적의 장소였지.

그러나 그곳에서도 오래는 머무를 수 없었어. 여름 내내 풀들이 무성하게 자란다고 약을 많이 뿌려 댔거든. 그 때문에 내 먹이가 될 만한 곤충과 동물 들이 많이 죽었어. 작은 몸을 가진 생명들에게는 치명적인 약이었던 것 같아. 나도 잠시 후각을 잃고, 몸도 뻐근할 정도였으니까 말이야. 여기 더 머물렀다간 죽음을 면치 못하겠구나 싶은 생각이 들었지. 다시 정처 없이 길을 떠날 수밖에 없었어.

내가 갈 수 있는 곳이 그리 많지는 않았어. 뜨거운 시멘트 바닥을 피하고 또 피해 간 곳은 결국 공원 뒤로 연결된 작은 산이야. 그곳마저도 사람들이 산책하기에 편하도록 포장을 해 놓았지만 그늘이 있어 좀 나았거든.

나는 마침내 적당한 곳을 찾았어. 작은 바위 두 개가 서로 마주 보고 있는 곳이야. 바위 아래쪽으로는 촉촉한 이끼가 끼어 있었고 그 틈으로 들어가면 아무도 나를 찾지 못할 거야. 내 몸 색깔과 비슷한 작은 나무와 풀 들도 주변에 가득했지. 오로지 나만 바위틈으로 해가 뜨고 지는 것을 알 수 있겠지? 정말 완벽한 곳이야!

내 몸은 서서히 그곳의 온도에 적응해 가기 시작했어. 뜨거운 여름날이었지만 바위틈은 무척 시원했고 덩달아 내 몸도 차가워졌지. 태윤이가 학교에 가고 없을 때 나 혼자 더운 시간을 견디던 걸 생각하면, 음… 그보단 지금이 훨씬 나은 것 같아.

대신 먹이는 내가 알아서 구해야 했지. 가만히 기다리기만 하면 먹을 게 생기던 때와는 전혀 다른 상황이야. 처음에는 조금 힘들었지만 며칠 만에 적응했어. 벌레나 쥐, 개구리도 많이 줄어 뱀들의 세계도 식량난이 문제가 되고 있다고 했지만 나는 며칠씩 굶어 본 적이 있어서 그런지 그럭저럭 괜찮았어. 오히려 먹이를 구하는 일이 기분 좋을 정도의 긴장감을 줬지. 할 수만 있다면, 나는 잘 있으니 걱정하지 말라고 태윤이에게 말해 주고 싶었어.

미래 세대를 위한 동물권 이야기

여름이 가고 가을이 왔지. 날은 점점 선선해지다가 추워지기 시작했어. 내 몸은 이런 추위에도 적응해야 한다는 사실을 깨달 았지. 가을이 지나면 겨울이 올 거라는 것도 직감했어. 지금처럼 행동했다간 겨울을 넘기지 못하고 죽을 거란 생각이 들었어. 겨울을 나기 위해서는 에너지를 최대치로 만들어 놓아야 했지. 나뿐만 아니라 여기서 만난 다른 뱀들의 생존 방식이야.

그런데 이 시기가 우리에게는 또 한 번의 고비이기도 했어. 사람들이 우리를 잡으러 다녔거든. 대부분의 사람들은 우릴 보면 도망가지만 어떤 이들은 우릴 찾아 온 산을 헤매고 다녔지. 그런 사람을 땅꾼이라고도 부르더라. 가장 좋은 건 독이 있는 뱀이래. 아니면 겨울잠을 자기 전 몸 상태가 최대치가 된 뱀을 잡고 싶어 했지. 살아있는 채로 병에 넣고 독한 술을 부은 후에 병 입구를 막으면 머리를 내밀 수도 없게 되지. 술에 빠진 뱀은 그대로 죽어 가는 거야. 그걸 마시면 건강해진다고 사람들은 믿는 거지.

나는 바위틈에서 그 끔찍한 장면을 목격하고 난 후로는 다시는 세상 밖으로 나가기가 싫어졌어. 며칠 전까지만 해도 같이 먹이를 구하던 친구였는데 어쩌다 사람들 손에 잡히게 되었을까? 너무 안타까웠어. 이제 곧 겨울이 오니 나도 꼼짝없이 겨울잠을 자야 하겠지만 내게도 언제든 저런 위협이 닥칠 수 있겠구나 생각이 들었지.

태어나 처음으로 홀로 숲에서 보내는 겨울이야. 모든 생명에게 무척 혹독한 계절이지. 추위에 좀 더 강한 동물이 있기도 하지만 대부분에겐 무척 힘든 시간이란다. 먹이를 구하는 것도 거의 불가능해. 많은 동식물들이 겨울엔 모두 죽은 듯 잠을 자는 이유가 바로 그거야. 대신 봄이 시작되면 다시 왕성한 활동을 하는 거지.

나는 바위틈 입구에서 멀리 떨어진 곳에 자리를 잡았어. 몸을 뒤척이는 게 좀 불편하긴 했지만 어차피 심장도 호흡도 거의 멈춘 채로 지낼 거야. 그런데 정말 봄이 되면 깨어날 수 있을까? 굶는 건 그렇다 해도 사람의 눈에 띄기라도 하는 날이면 어쩌지? 겨울잠이라도 편히 잘 수 있을까? 태윤이도 없이 이 겨울을 잘 버틸 수 있을까? 나는 다시 한 번 태윤이 생각을 하며 스르르 눈을 감았어.

모든 동물은 우리와 가족이 될 수 있습니다. 강아지와 고양이 외에도 요즘은 다양한 동물을 키우고 싶어 하는 사람들도 많지요.

뱀 등의 파충류를 선호하는 사람들은 불법 반입된 동물을 거래하기도 해요. 그마저도 끝까지 책임을 진다면 그나마 다행이지만, 조금 키우다 싫증이 나서 공원이나 산에 버리고 가는 경우도 있습니다. 때로는 어떤 우연한 기회에 동물이 탈출을 하는 일도 있어요. 그래서 국제 멸종 위기종 2급인 붉은 꼬리 보아뱀이나 초록 이구아나가 등산로에서 발견되기도 하고, 도심의 호수에서는 국제 멸종 위기종 1급인 인도별 거북이가 발견되기도 합니다.

이들 동물들은 우리나라의 야생에서 살아남기 어려울 수 있으며 때로는 생태계 교란을 일으키기도 해요. 이는 동물들의 잘못이 아닌 인간의 부주의와 무책임, 과도한 욕망이 빚어낸 결과입니다.

15 우리도 물과 땅이 필요해
- 환경 파괴와 수달의 멸종 위기

우리는 물을 떠나서는 살 수 없어. 그렇다고 고래처럼 먼 바다로 나가 지낼 수도 없단다. 시냇물, 강, 바다, 물이 있는 곳이라면 어디든 좋아. 그래도 땅은 가까이에 있어야 하지. 사람들은 멀리서도 물을 끌어다 쓸 수 있다지만 우리는 그렇지 않아. 물길로 이어진 기다란 땅, 바로 그곳이 우리의 영역이야.

그런데 언젠가부터 우리의 영역이 점점 좁아지고 있어. 사람들이 강변이나 하천 옆까지 개발을 하고 있거든. 제 집이 있는데도 우리들의 생활 반경에까지 들어와 시멘트 포장을 해. 자전거 도로나 산책로를 만들기도 하지. 더 큰 수변공원을 만들기도 한대. 사람들은 질퍽거리는 흙을 밟지 않아 좋을지 몰라도 우리에게는 전혀 아니란다.

사람이 들어오는 것도 모자라 자동차까지 들어올 수 있도록 아주 널따란 공간이 주차장으로 변해 버리곤 해. 시멘트로 포장

이 된 땅은 우리가 살 수 없는 곳이 되어 버려. 그곳에서는 번식을 할 수도 없고 편하게 쉬지도 못해.

누구에게나 자신만의 집이 필요하지. 우리 같은 야생동물에게는 은신처라고 표현해도 좋을 거야. 우리를 공격할 수 있는 다른 동물로부터 몸을 숨겨 안전한 생활을 하는 곳이야. 아기를 낳아 기르는 데도 이런 공간은 반드시 필요하단다. 수달 아기들은 거의 1년 동안 보살핌을 받으며 수영이나 먹이 활동을 배우거든. 그들이 독립하기 전까지는 무엇보다 안전한 은신처가 필수라고 할 수 있지.

그런데 자꾸 영역을 빼앗기다 보면 다른 곳으로 이동할 수밖에 없어. 새로운 곳에서 잘 적응할 수 있다면 다행이지만 요즘은 가는 곳마다 깨끗하게 포장된 땅밖에 없어. 심지어는 물속에까지 댐과 수중보가 생기기도 해. 결국은 사람의 흔적을 피해 쫓겨 다닌다는 표현이 맞을 거야.

그렇게 다니다 보면 자동차가 달리는 도로에 올라서기도 해. 도로가 궁금해서 올라가는 건 아니야. 다른 물줄기라도 찾을 수 있지 않을까 희망을 걸고 길을 나선 것뿐이야. 그러나 희망은 너무도 짧은 시간에 사라져 버려. 자동차에 치이는 건 정말 눈 깜짝

할 새거든.

나는 주로 혼자 다녀. 그래서 다른 친구들이 무슨 일을 겪는 지 낱낱이 알 수는 없단다. 그런데 언젠가 나도 도로에 올라섰다 가 죽은 수달 친구를 본 적이 있어. 누가 그렇게 하라고 알려 준 건 아니지만 그를 도로변 풀숲으로 끌고 내려왔어. 그는 이미 죽 어서 아무 소용없는 짓일지도 몰라. 그래도 몸이 더 짓이겨지기 전에 어떻게든 좀 더 안전한 곳으로 옮겨 주고 싶었지. 그가 왜 도 로로 올라갔는지 알 수는 없지만 나와 같은 생각이었을 거야. 그 래서 마음이 아팠어. 풀숲에 데려오기는 했는데 그다음엔 어찌해 야 할 바를 몰랐어. 죽은 모습을 바라볼 수밖에 없었지. 조금 더 아래쪽 풀이 더 무성하게 우거진 곳에 그를 누이고 나는 다시 물 가로 내려가야 했어.

물속에서 먹이를 잡는 건 우리에게 너무도 자연스러운 활동이 야. 그런데 그것조차 조심해야 한다는 얘기를 들었어. 이건 내가 어렸을 때 엄마한테 배운 거야. 물고기가 많은 통발에 들어가면 그대로 갇힌 채 익사하고 만대. 사람들이 물고기를 잡느라 낚시용 통발을 놓는다는 거야. 그것은 우리에게 덫이나 올무 같은 거라 빠져나올 방법이 없어. 우리는 물속을 헤엄칠 수는 있어. 하지만 그건 단지 먹고 살기 위한 활동일 뿐이야. 땅 위로 올라가지 못하면 그대로 죽을 수밖에 없단다. 그런데도 통발을 걷으러 온 사람들은 그런 우리를 보고 구해 주지도 않는대. 불법으로 설치했다는 사실이 들통나게 되니까 말이야. 사람들은 우리를 천연기념물이라고 불러. 천연기념물은 국가에서 법률로 보호하는 동물이라는 뜻이지만 실제는 우리를 보호하려는 생각은 별로 없는 것 같아. 그저 희귀해졌다는 뜻이 된 듯해.

먹이도 옛날만큼 그렇게 풍부하지 않아. 그래서 큰 먹이를 한 번 사냥해서 배불리 먹을 수 있으면 좋겠다고 생각하지. 작은 물고기들은 하루 종일 잡아도 배가 안 차거든. 그런데 큰 물고기들은 좀 탁한 물에 더 많은 것 같아. 강이나 호수지. 이곳은 우리에게 최적의 장소야. 사람의 발길이 없으면 더욱 좋아. 누구든지 우리가 먹고 사는 것을 방해만 하지 않으면 돼. 그런데 여기서도 예상치 못했던 문제가 생겼단다.

사람들은 많이 보이지 않지만 공장이라는 곳 때문이야. 그곳에서는 썩은 물이 쏟아지고 있었어. 각종 공장에서는 사람들에게 필요한 온갖 제품들이 만들어지는데, 그 과정에서 물을 많이 쓰게 돼. 이때 오염된 물을 정수하지 않고 그대로 강으로 흘려 버리는 거야. 물빛은 검게 변하고 악취가 나고 거품이 일기도 해. 그런 물이 흐르는 곳에 사는 물고기들은 온갖 질병을 앓게 되지. 그 물고기라도 먹고 살아야 하는 우리에게도 문제가 생기는 것은 당연한 일이야.

처음에는 아무것도 몰랐어. 늘 하던 대로 먹이를 구했을 뿐인데 우리의 몸은 건강해지거나 힘이 나질 않고 오히려 아픈 거야. 시름시름 앓다 죽는 경우도 있었어. 새끼를 낳지 못하는 일도 빈번했지. 몸을 지탱하거나 물속에서 헤엄치는 게 쉽도록 해 주는 게 우리들의 꼬리인데, 그게 없는 수달이 태어나기도 했어. 그렇다고 먹이 구하는 일을 그만둘 수는 없잖아? 몰라도 당하고, 알아도 어쩔 수 없이 당하는 일이 반복돼.

언젠가 우연히 만난 할아버지 수달에게서 들은 얘기야. 옛날에는 더 심각한 일도 있었대. 아니, 우리가 살고 있는 현실도 심각한데 이보다 더한 일이 있었다고? 수달들이 떼죽음 당하는 일들이 있었다는 거야. 떼죽음이라고 해서 처음에는 의아했지. 그렇게 표현할 만큼 우리 수달이 많았나? 내가 살면서 보아 온 수달을 통틀어도 몇 안 되거든. 할아버지 얘기로는, 음⋯ 그러니까 지금보다는 훨씬 많았다는 거야.

그때 인간이 수달 세계에 전쟁을 선포했대. 결과는 참혹했어. 우리에게는 대적할 만한 아무런 무기도 없고, 우리는 전쟁 같은 거 할 생각도 없었으니까 말이야. 들으면서도 믿기지 않는 얘기였어. 우리들을 잡아 털가죽을 벗겨 그들의 옷으로 만들었다는 거야. 모피라고 하더라. 인간들의 세상은 그렇게 추운 걸까? 그들에게는 훨씬 더 따뜻한 공간이 있다는데 우리의 털옷까지 모조리 빼앗아 입어야 했을까? 우리의 옷을 입으면 춥지 않을까? 옷만 내어 주고 끝나는 전쟁이 아니야. 털옷을 빼앗길 때는 우리 목숨까지 내놓아야 하는 일이니까.

내가 알기로는, 인간은 모든 동물들과의 전쟁에서 승리해. 그렇다고 아무도 그들을 위대하다고 생각하지 않아. 그들은 늘 사랑과 평화를 얘기하지. 하지만 우리 같은 동물들에게는 적용할 생각이 전혀 없는 것 같아. 우리가 하나둘 사라지고 결국 멸종된다면, 인간마저도 사라지는 것은 시간문제야. 나는 제발 그들이 이 사실을 깨닫는 날이 오길 바라.

수달은 천연기념물 제330호이자 멸종 위기 야생 생물 1급으로 지정되어 있습니다. 그런데 사람들은 수달의 모피를 얻기 위해 무분별하게 죽이기도 했어요. 이는 우리나라뿐만 아니라 전 세계적으로 수달의 개체수가 감소하게 된 원인으로 분석되고 있습니다.

우리나라에서는 하천 개발 사업 때 설치하는 댐과 수중보가 수달에게 장애물이 되기도 해요. 먹이 활동을 위해 하천의 상·하류를 자유롭게 드나들 수 있어야 하는데 그러지 못하는 상황에 놓이게 되지요. 원래의 서식지로 돌아가지 못해 길을 헤매다 도로에서 로드킬을 당하기도 합니다.

수달은 하천 등지에서는 최상위 포식자로서 생물의 다양성과 균형에 큰 역할을 해요. 수달을 보호하려는 사람들의 노력도 이어지지만 여전히 인간이 저지르는 환경 파괴는 수달에게 큰 위협이 되고 있습니다.